Bienvenue
en salle des profs !

Christian Muzyk

Bienvenue en salle des profs !

Albin Michel

À celle dont l'absence
a permis l'écriture de ce livre.

À Thomas et Chloé.

Avant-propos

Ça y est ! Vous avez brillamment été reçu au concours sanctionnant la fin de vos études : vous serez professeur. Ou plutôt : prof. Les professeurs constituent une espèce différente, proche de la vôtre mais dissemblable malgré tout. Le chimpanzé ressemble de beaucoup à l'homme, du point de vue des gènes, mais installez côte à côte le premier et le second, et n'importe quel quidam passant par là s'apercevra de la différence. Il en va de même pour le professeur et le prof. Le premier n'est jamais jeune, enseigne à la faculté ou écrit des livres de didactique. Le second... Le second... Comment dire ? Le second est pluriel et c'est ce que nous allons tenter d'exposer ici. La pluralité fait certes sa richesse mais constitue également une faiblesse que les fauves qui peuplent la jungle éducative – élèves, I.P.R.[1], chefs d'établissement – s'efforceront d'exploiter dès que cela sera possible.

---

1. I.P.R. : Inspecteur Pédagogique Régional. Genre de calife qui est accueilli dans les murs du collège comme un chef d'État.

Aussi le but de cet ouvrage, que vous tenez avec un soupçon de fébrilité, est-il de vous préparer à l'impensable. L'inimaginable. Vous croyez que le plus dur a été accompli. Diplôme en poche, vous allez pouvoir enfin enseigner. Transmettre votre savoir. Détrompez-vous ! Le discours institutionnel est un habile miroir aux alouettes. Derrière la rutilante vitrine se dissimule l'hideuse réalité. Celle dont on ne doit pas prononcer le nom, sous peine d'être accusé de blasphème et brûlé sur l'autel de la Sainte Trinité pédagogique : Collège unique, Note administrative et Inspection surprise.

Le quotidien du prof n'est pas un long fleuve tranquille et il vaut mieux que votre embarcation soit robuste. Car, une fois quittée la sécurité du port, accrochez-vous ! Ça risque de tanguer, de gîter ferme. Embruns et paquets de mer burineront bientôt vos traits encore si lisses, si délicats. La nausée vous saisira plus d'une fois et vous vous accrocherez à la barre en serrant les dents, en vous demandant où diable sont passés tous ces lagons azur que l'Institution avait placés en couverture de la brochure. Engagez-vous, qu'ils disaient...

Pas de panique, pourtant. Nous sommes là, dans la tempête, pour vous tendre une main secourable. Vous offrir sur un plateau d'argent les clés du salut pédagogique.

Pour la première fois depuis que le brave Gutenberg a imprimé sa première page, un ouvrage s'attaque au mythe : l'Éducation nationale et son Collège unique.

Vous saurez bientôt ce qu'est réellement un prof. Serez initié à son mode de vie – de survie –, à ses rites, ses craintes les plus profondes. La jungle du Collège n'aura plus de secrets pour vous.

Attention cependant ! Le safari sera choquant pour les plus crédules, la traversée ébranlera quelques certitudes, mais il faut que la vérité soit dite. Le monde a le droit de savoir.

Alors, courage ! La sérénité de votre carrière est à ce prix. Un prix bien dérisoire comparé à ce qu'il faut endurer, si l'on n'a pas conscience des embûches qui pavent la longue et sinueuse route, quarante ans durant.

Une précision s'impose : toute ressemblance avec des profs exerçant ou ayant exercé n'est absolument pas fortuite. Seuls les noms ont été changés afin de ménager les susceptibilités. Mais si par hasard l'artifice s'avérait trop mince, que les victimes involontaires de mon indiscrète sagacité aient la gentillesse de me pardonner de tant d'outrecuidance.

Mais il est grand temps de nous mettre en route. Laissez-vous guider dans le dédale de cet univers où mille dangers guettent, à votre insu peut-être. Pour l'instant, à l'aube de cette nouvelle année scolaire, le soleil brille encore dans le ciel et dans vos yeux émerveillés par l'imposant bâtiment où vous pourrez, c'est sûr, mettre en pratique le talent qu'un jury intransigeant a décelé en vous. Inondée de chaleur, la cour encore déserte vous semble un océan de bitume que l'on traverse pour se rendre en salle polyvalente, où a lieu la réunion de pré-rentrée. Profitez de la traversée : la mer est encore calme, dépourvue des créatures voraces qui, dès demain, surgiront en masse pour s'attaquer à vos précieuses convictions.

1

La pré-rentrée

Presque exclusivement vêtus de blanc – la couleur des vacances –, les profs conversent par grappes. Les sourires sont de mise, les peaux encore hâlées. On est content d'être là, au fond, pour ce moment à part : plus tout à fait les vacances, pas encore vraiment le boulot.

Une fois dans la salle, un malaise indéfinissable commence à se faire sentir : vous ne connaissez personne mais tout le monde devine au premier regard que vous débutez dans la carrière. Vous tâchez d'avoir l'air intéressé par les travaux d'élèves encore affichés et que la documentaliste a eu la flemme de décrocher à la fin de l'année scolaire précédente. Vous déambulez dans la foule relativement compacte, lançant alentour des sourires engageants mais pas trop – il ne faudrait pas qu'on vous prenne, dès le premier jour, pour une gourde ou un benêt.

Finalement, un collègue un peu moins indifférent que les autres vous dirige vers un des membres de l'équipe pédagogique à laquelle vous appartiendrez d'ici quelques minutes. Enfin, vous vous sentez en terrain un tout petit peu plus connu – au moins, vous comprenez de quoi ils parlent, ce qui n'est pas étonnant après tout : comme eux, vous avez passé vos vacances à la plage, fait de la planche à voile ou de la plongée, lu quelques livres divertissants et fait le maximum pour éviter les coups de soleil tout en bronzant.

Enfin commence la réunion plénière. Il s'agit d'un moment test pour le chef d'établissement – surtout s'il est également nouveau dans la « maison ». Oui, un peu comme le monde du cinéma se veut une « grande famille », l'Éducation nationale est apparentée à une maison. Pas grande. Juste une maison, avec tous les aléas et la décrépitude qui s'y rattachent.

Moment test, donc. À petits pas nonchalants et à contrecœur, l'ensemble des profs se dirige en désordre vers les chaises alignées face à la grande tablée où patientent, le nez dans leurs notes, les membres de l'équipe de direction : Principal, Principal adjoint et assimilés (C.P.E. [1] et Intendant). Qu'on ne s'y trompe pas ! Les profs aguerris, sous leurs airs de ne pas y toucher, observent attentivement le comportement de leur hiérarchie. Et cette dernière fait de même, utilisant les notes comme un paravent permettant à la fois la protection et l'observation de la faune à apprivoiser ou à dompter, selon les cas. On s'installe donc dans un raclement généralisé de chaises. Les profs débutants sont généralement contraints, par l'absence de connexions fortes dans la place, de se diriger vers le premier rang, demeuré vide. Feignant de ne pas entendre les commentaires railleurs

1. C.P.E. : Conseiller Principal d'Éducation. Croisement de sœur Emmanuelle et de Navarro, qui doit concilier écoute et autorité.

des mêmes collègues aguerris devenus goguenards, ils obtempèrent avec le sourire : ils sont en première ligne et faire la gueule dès le premier jour serait un mauvais calcul.

Débute alors un intermède incontournable qui va barber tout le monde : les statistiques revenant sur le taux de réussite au Brevet des collèges du mois de juin précédent. Le Principal se félicitera de ces résultats, quel que soit le pourcentage de réussite atteint. À 93 %, on pavoisera et on citera le classement de l'établissement au niveau départemental, voire académique. À 61 %, on trouvera des raisons d'espérer et on évoquera le tissu social du bassin de recrutement du collège, qui explique en grande partie ce modeste résultat qui doit néanmoins donner à chacun des raisons de se mobiliser pour que des élèves déjà fortement touchés par la conjoncture économique dont sont victimes leurs parents ne se mettent pas à baisser les bras en raison de la démission – explicable sinon excusable – de leurs géniteurs (ouf !). En tout état de cause, ne vous attendez pas à des louanges : si les résultats sont bons, vous n'avez fait que votre boulot ; sinon, il est grand temps de vous remettre en question en recourant à des méthodes pédagogiques plus innovantes que celles en usage depuis vingt ans [1]. Pour trouver les clés d'une motivation nouvelle, rien de tel qu'un bon stage, avez-vous pensé à vous y inscrire quelques mois plus tôt ?

À mesure que l'intervention du Principal s'étire dans un ennui de plus en plus contagieux, les conversations

1. Si vous débutez dans la carrière, évidemment, cette restriction ne vous concerne pas, vous êtes encore pur et plein d'enthousiasme.

murmurées initialement commencent à prendre du volume. Quelques rires fusent dans les derniers rangs, sitôt réduits au silence par les « Chut ! » intempestifs de rares collègues que les statistiques passionnent. Il vous faudra supporter une ou deux pauses réprobatrices de votre chef, adressées aux rieurs du fond, mais pas une troisième. Le Principal, avisé, a déjà compris que le combat sera perdu d'ici quelques minutes. Dans un souci de ne pas perdre la face, il fait alors procéder à la distribution des précieux documents qui disparaîtront dans les serviettes professorales en attendant de finir dans la poubelle sélective domestique.

C'est alors qu'arrive le moment crucial, dont l'issue conditionnera l'année scolaire tout entière. Dans cinq minutes, les uns seront déprimés pour dix mois tandis que d'autres préféreront avoir le triomphe modeste afin de ne pas attiser les jalousies. Ce moment clé, c'est bien sûr celui de la distribution des emplois du temps. Le moment de vérité. Il s'est passé deux mois depuis que vous avez complété la fiche de vœux faisant état de vos desiderata. Comme 98,3 % de vos collègues, vous avez émis le souhait de ne pas travailler le samedi matin. On dit pourtant que faire partie des *happy few* qui sacrifient une partie de leur week-end à l'édification de leurs élèves n'est pas si terrible. Au cours de votre longue carrière, vous rencontrerez un certain nombre de collègues qui argueront que « le samedi, l'ambiance est différente, plus décontractée, on travaille presque mieux que le reste de la semaine », « de toute façon, ça ne [les] dérange pas de se lever le samedi », « de toute façon, [ils sont] du genre matinal, alors... », « de toute façon, [ils doivent] emmener [leurs] gamins à l'école, alors... ».

La remise des emplois du temps en dit long sur les forces en présence dans l'établissement. Après seulement quelques minutes, en effet, on voit les insatisfaits se rapprocher, telle une meute de loups, autour du responsable de leur malédiction. La plupart du temps le Principal adjoint, dont c'est la lourde croix de résoudre ce casse-tête récurrent consistant à satisfaire chaque prof sans mettre en péril l'équilibre des élèves [1].

Si l'emploi du temps n'est porté à la connaissance des profs qu'en fin de réunion plénière, c'est parce que la Direction sait que cela marque la fin de ladite réunion et que l'apéritif n'est pas loin, qui mettra fin aux récriminations avec l'aide de pistaches et de mousseux ; puis le découragement l'emportera et chacun rejoindra la queue qui commence à se faire longue devant le buffet.

N'arrivez pas à l'apéritif comme un agneau qu'on emmène à l'abattoir. Sans avoir rédigé des fiches, préparez-vous à toute éventualité. Le nouveau prof se retrouve toujours très vite au centre des débats. On raillera sans doute – à votre barbe naissante ou dans votre dos – votre enthousiasme excessif ; des collègues en C.P.A. [2], pâles

---

1. Un ancien ministre de l'Éducation, chasseur de mammouth à ses heures perdues, a un jour affirmé que l'élève devait se trouver au centre du système éducatif – sous entendu : pas les profs. C'est là l'argument béton auquel recourent encore certains Principaux ou Adjoints pour éconduire les profs téméraires qui se mettent en tête d'ébranler ce fragile édifice construit lors des harassantes dernières journées de juin par une équipe de Direction elle aussi au bord de la rupture et de la crise de nerfs.

2. C.P.A. : Cessation Progressive d'Activité. Période évoquant ce qu'était la fin du service militaire lorsque la quille

destriers sentant l'écurie, vous chanteront l'air du « c'était mieux avant » et vous prédiront des lendemains qui déchantent. Il vous faudra bien plusieurs verres afin de noyer ces funestes propos dans quelques bulles aux vertus amnégènes. Tâchez de ne pas vous griller en déballant dès le premier jour les notions pédagogiques apprises à l'université et promues depuis à un statut divin, vous risqueriez de vous aliéner la majeure partie de vos nouveaux collègues – qui ne partagent sans doute pas votre foi aveugle en un avenir pédagogique meilleur. Réserve et diplomatie seront vos meilleures alliées dans les premiers temps. N'ayez crainte, pourtant : les occasions d'affirmer votre personnalité et de faire vos preuves ne manqueront pas.

était proche, à ce détail près qu'ici l'enthousiasme des personnels concernés est moindre.

2

Forces en présence

Le Collège constitue un univers impitoyable. Mieux vaut le savoir pour trouver sa place dans la Communauté éducative. À l'instar de celle dépeinte par le regretté Tolkien, cette Communauté est pour le moins hétéroclite.

Les joutes les plus terribles ont lieu lors du Conseil d'administration, où interagissent des forces parfois contraires dont la mission, puisqu'elles l'ont acceptée, consiste à gouverner le navire pour le mener à bon port sans trop de heurts. De quelles forces s'agit-il ? En vrac, s'opposent ou s'allient selon les circonstances : équipe de direction, parents d'élèves, personnel d'intendance, T.O.S.S. [1], profs – liste syndiquée et liste indépendante, la plupart du temps – et délégués des élèves. Mais

1. Personnel T.O.S.S. : Personnel Technique, Ouvrier, de Service et de Santé. Sorte de caméléons du système éducatif, les personnels T.O.S.S. se dérobent des mois durant à la vue de bon nombre de profs. Par un phénomène étrange, lors des pots de Noël ou de fin d'année, leur camouflage perd ses vertus et les profs leur parlent alors – pour s'enquérir, par exemple, de la présence de bouteilles de mousseux supplémentaires en cuisine.

l'essentiel est ailleurs. La bataille se mène également au quotidien, notamment dans la salle des professeurs ou les couloirs de l'établissement, à coups de chuchotements outrés ou de vindictes ouvertement affichées, de pétitions ou de notes de service plus ou moins bien reçues. C'est pourquoi le jeune prof doit connaître au mieux son environnement afin de mener son frêle esquif personnel au-delà des nombreux récifs qui ne manqueront pas d'apparaître au milieu de ces flots souvent déchaînés.

Dans la mesure où c'est avec les confrères et consœurs profs – le féminin n'existe pas – que les contacts sont les plus nombreux, le néophyte doit, pour assurer sa survie, maîtriser les tenants et les aboutissants de cette micro-société qu'est une salle des professeurs. Encore faut-il connaître les forces en présence.

3

Le Délégué syndical

Dans l'inconscient collectif, le Délégué syndical traditionnel arbore un collier de barbe, fume la pipe et porte des lunettes qui ont été à la mode vingt ans plus tôt. Sa veste de velours à grosses côtes ne le quitte pas, été comme hiver. Il renvoie immanquablement aux glorieuses années soixante-dix.

Méfiance toutefois ! Le portrait serait caricatural. Au cours des dernières décennies, les codes ont sensiblement changé et le poil à gratter syndical avance désormais masqué. Il ne porte plus systématiquement le collier de barbe mais conserve encore parfois la moustache, par nostalgie sans doute. Ne lui en veuillez pas si vous constatez chez lui un tempérament plutôt austère. Ce n'est pas de sa faute. Le corps enseignant accouche de moins en moins de professeurs syndiqués. Pourquoi ? Il faut croire que les grandes batailles sociales et le montant de la cotisation annuelle agissent comme un antidote assez puissant. Le montant de ladite cotisation est, en effet, indexé sur l'indice qui détermine le revenu mensuel brut du prof. Ce qui veut dire : « Plus tu gagnes, plus tu cotises. »

Cette conception de la solidarité explique en partie que les rangs se clairsèment année après année. Si vous vous posez des questions quant à l'intérêt de votre engagement futur au sein de tel ou tel syndicat d'enseignant, rappelez-vous cependant que les sommes que vous versez ne le sont pas en vain. Il suffit, pour s'en rendre compte, de regarder le journal télévisé un soir de grève des profs. Vous verrez alors fleurir sur vos écrans les gros ballons aux couleurs chatoyantes du syndicat auquel vous avez adhéré. Plus le ballon se voit de loin, plus votre syndicat est important.

Mis en présence d'autres syndiqués lors des grands rassemblements (grèves traditionnelles de novembre, décembre, mars et défilés du 1er Mai), l'austère Délégué syndical redevient plus jovial. L'effet de nombre y est pour beaucoup, qui le maintient dans l'illusion tenace que son mouvement est puissant et à deux doigts de changer le monde.

Jeune prof, si tu te syndiques, sache une chose cependant : « Savoir chanter tu devras et avoir gardé une âme d'enfant, il te faudra aussi. » Cela afin de pouvoir égayer le cortège par tes chants revendicatifs et néanmoins joyeux, savants détournements d'airs populaires, voire traditionnels, à coups de paroles griffonnées le matin même avant que la manif s'ébranle sur le parcours autorisé par la préfecture de police.

Pourquoi tant d'allégresse affichée ? te demandes-tu à juste titre. Parce que, tout en proclamant une efficacité sans faille, le syndicat se doit d'être attrayant. Or on n'attire pas les mouches avec du vinaigre, ni les jeunes profs avec des têtes d'enterrement. Aussi dois-tu connaître tes classiques.

Tu as sans doute été animateur de colonie de vacances et, par conséquent, il doit bien t'en rester quelques pas si lointains souvenirs. Mais si ! Fais donc un effort ! « Il était une bergèreu... Qui allait au marché. » Non ?... Mais si ! « Les pommes faisaient rouli roula... » Vraiment pas ? Bon, ce n'est pas si grave, tu apprendras sur le tas le jour de la manif. Ainsi, tu seras assuré de passer au JT du soir et tu contribueras à ta manière et avec tes collègues syndiqués à la popularité sans faille des mouvements sociaux que le Français moyen attend comme on attend sa feuille d'impôt, une tempête annoncée ou un prochain rendez-vous chez le dentiste : avec un mélange de crainte et de résignation. Et un tout petit peu d'agacement aussi.

Mais toi, jeune prof, c'est pour la bonne cause que tu t'es syndiqué : la tienne. Tu sais que cette année est déterminante pour toi et que tu n'es pas encore assuré de cet emploi à vie – enfin, n'exagérons pas : seulement quarante ans à enseigner avec enthousiasme à des meutes encasquettées, ensurvêtées et aux chevelures variant selon les modes, les saisons et la sévérité de l'équipe de direction. Il faudra, pour devenir titulaire, franchir le cap de l'inspection et ensuite effectuer une demande de mutation pour aller répandre la bonne parole sur d'autres terres.

Or, pour éviter de te retrouver catapulté dans une de ces banlieues brûlantes dont tu ne connais que les images vues au journal télévisé ou dans les reportages-vérité de TF1, il te faut de l'aide. Cela tombe bien : c'est la vocation du syndicat que d'aider les personnels – dont tu fais désormais partie, sois fier !

Première étape : repérer le Délégué syndical et attirer

son attention. Observe bien autour de toi. Un indice : le Délégué syndical est rarement seul lors des récréations. En effet, il y a toujours un collègue qui a besoin d'un renseignement (« Le Principal veut que j'aille faire des heures sup en S.E.G.P.A. [1], il a le droit de me l'imposer ? » « Dis, Jean-Marc, c'est quoi la fourchette de la note administrative dans le neuvième échelon ? » « Au fait, les I.D.D. [2], c'est payé en H.S.A. ou en H.S.E. [3] ? », etc.).

Tu te demandes comment il est possible de dégager un tel charisme et tu as bien raison. D'abord, sache qu'on ne s'improvise pas Délégué syndical. Une formation est requise mais surtout le rôle nécessite un talent d'orateur certain.

Ne te méprends pas cependant : le temps des « Camarades !... » glapis pour inspirer la terreur autant que susciter l'écoute est bel et bien révolu. Aujourd'hui, le Délégué syndical sait faire dans la nuance. Il s'est adapté à son nouvel environnement, il s'est, en un mot, modernisé. La locomotive à vapeur est devenue TGV – sauf que si le Délégué syndical n'est pas à l'heure, ce n'est

1. S.E.G.P.A. : Section d'Enseignement Général et Professionnel Adapté.

2. I.D.D. : Itinéraire De Découverte. Dispositif dont le but était, à l'origine, de remotiver les élèves en échec scolaire, en leur redonnant le goût du travail par la recherche de documents sur des thèmes les intéressant. Il était prévu que ce soit les élèves qui déterminent lesdits thèmes à explorer. Évidemment, dans la réalité, ce sont les profs qui s'y collent.

3. H.S.A. : Heure Supplémentaire Année ; H.S.E. : Heure Supplémentaire Effective. Pour faire simple, l'H.S.A. est mieux rémunérée que l'H.S.E.

pas qu'il est en retard mais qu'il est en grève – alors que le TGV, lui, est rarement en grève.

Le Délégué syndical du vingt et unième siècle possède une voix de velours, parle d'un débit lent et posé. Réfléchi. On est aux antipodes de la caricature du barbu vociférant que charrie encore l'inconscient collectif. Sourcils froncés sont néanmoins de rigueur car il se fait du souci pour ses collègues – syndiqués ou non, car il est désintéressé – mais accepte avec une modestie sincère la reconnaissance de ses pairs. À la harangue passée a succédé le questionnement calme, presque paisible. Presque. Sauf que les chefs d'établissement frémissent lorsque le Délégué syndical prend la parole pour évoquer tel ou tel choix institutionnel qui va, selon lui, à l'encontre de l'intérêt des personnels qu'il représente – et par voie de conséquence des élèves, bien entendu.

Ça y est : tu l'as repéré. Reste à l'aborder, d'une façon qui ait l'air naturelle. Comment procéder ? Un petit café offert à la machine du même nom ne peut pas faire de mal. De toute façon, ne t'inquiète pas : le Délégué syndical de l'établissement où tu viens de commencer à exercer est déjà informé de ta présence dans les lieux. Les voies du syndicat sont impénétrables mais bougrement efficaces en matière de ventilation de l'information.

Il saura te prêter une oreille attentive, te conseiller dans tes démarches administratives, tes relations avec ta hiérarchie et peut-être t'accompagner lorsque tu te pencheras sur ta demande de mutation pour l'année suivante – car tu ne pourras demeurer dans ce collège où tu as pris tes marques et où tu te sens si bien désormais : il faudra faire place nette et aller t'endurcir dans un établissement dit « sensible », c'est-à-dire un endroit où aucun prof avec un peu de jugeote et d'instinct de conservation ne souhaite aller se ruiner la santé pour finir dans un centre M.G.E.N.[1] afin de soigner une dépression tenace.

Bien sûr, le Délégué se montrera fort marri lorsqu'il apprendra que tu es nommé à Bobigny ou dans un secteur tout aussi engageant. Mais pas autant que toi, sans doute. Il pestera contre l'Institution, qui envoie les jeunes profs au casse-pipe et criera au manque de moyens mis en œuvre pour réellement mettre sur pied une pédagogie de la réussite, notamment dans les quartiers « difficiles » ou Z.E.P.[2]. Ton gobelet de café tiède à la main, tu essaieras de masquer ton amertume dans un sourire jaune, en opinant à ces propos frappés au coin du bon sens, de la part d'un collègue confirmé qui n'a pas non plus envie d'aller à Bobigny, en dépit des nombreuses idées qu'il a sur la pédagogie de la réussite. N'attends pas non plus de ton Délégué syndical qu'il te souhaite bonne chance car cela te déprimerait davantage encore, et il le sait – le Délégué syndical est fin psychologue.

D'une manière plus générale, le Délégué syndical est souvent le baromètre d'un établissement scolaire. Sa

---

1. M.G.E.N. : Mutuelle Générale de l'Éducation nationale. Organisme très sympathique qui veille au bon remboursement des nombreux soins occasionnés par cette périlleuse proximité de miasmes et virus en tous genres charriés par les bataillons d'élèves.

2. Z.E.P. : Zone d'Éducation Prioritaire. Secteur géographique où sont organisés des safaris dans lesquels les profs tiennent lieu de gibier. Ouverture de la chasse en septembre.

discrétion – voire son absence – indique que le collège en question ne connaît pas de problèmes. Qu'il soit beaucoup plus actif et à la tête d'un groupe de disciples dépassant la douzaine et ce sera là le signe extérieur que l'établissement où tu es tombé, jeune prof, est une cocotte-minute sur le point d'exploser.

Mais montre-toi patient. Après tout, une année est vite passée. Et puis, rien ne t'interdit de refaire une demande de mutation et de tenter ta chance ailleurs l'an prochain.

4

Prise de contact

Tout en suivant la masse compacte dans la cage d'escalier éclairée par des néons blafards, vous vous dites, dans un accès de lucidité qui ne vous aide pas forcément : « Ça y est. J'y suis. Dans moins de trois minutes, je vais me retrouver face à eux, avec mon bureau comme seul rempart en cas d'attaque frontale, et je vais devoir faire cours. »

Sauf que c'est faux. Pas question de faire cours, car c'est le premier jour, la première heure de cours – la mal nommée. Nous sommes le 1er septembre, ou le 2. Les vacances sont définitivement terminées et la longueur d'avance que représentait pour vous la pré-rentrée de la veille vous paraît tout à coup bien dérisoire. La cour de récréation, si vide et tranquille hier, s'est peuplée d'une masse grouillante et bigarrée. Insouciante et super à l'aise. Tout le contraire de vous, en somme.

Vous avez conscience que cette première heure sera déterminante pour vous. Vous en avez particulièrement conscience depuis que plusieurs collègues plus chevronnés et bien intentionnés vous l'ont rappelé avec insistance.

Tâchant de faire abstraction du brouhaha qui vous environne dans cette montée interminable vers le second étage et la salle que l'on vous a attribuée – « Pourvu que je la trouve du premier coup », songez-vous avec anxiété – vous repensez à toutes ces bonnes paroles.

« Tu verras, ça va bien se passer... », a murmuré une collègue prof d'anglais à la cinquantaine maternelle. En vous tapotant l'avant-bras comme une infirmière avant une piqûre dont vous savez parfaitement qu'elle va faire mal. On ne vous la fait pas.

« Le tout, c'est d'être ferme dès le départ », a affirmé un autre, prof de sciences, la cinquantaine largement entamée. Vous vous sentiez déjà mieux lorsqu'il a cru bon d'ajouter : « Sinon, après, tu te fais bouffer. »

« Allez, va ! Au fond, ils ne sont pas bien méchants. Ce ne sont que des gosses, tu sais. Tout n'est pas de leur faute... » Ça, c'était Jean-Marc, le Délégué syndical, justement. Il connaît le « bahut » et le quartier, s'investit dans l'associatif et anime un club informatique le midi. Tout le contraire de vous, en somme.

Au bout du compte, vous ferez comme vous pourrez, en essayant d'éviter les pièges qui ne manqueront pas de se dresser devant vous. De votre capacité à les déjouer sous le regard narquois de vos nouveaux élèves dépendra la réussite ou non de ce premier jour. Vous devez vous montrer vigilant de la première à la dernière seconde. Les sonneries de début et de fin de cours retentiront comme un gong marquant l'entame et l'issue de ce premier round qu'il vous faudra remporter sous peine de vivre une année difficile. Car tout se joue là. Une semaine plus tard, c'est fichu.

Méfiez-vous de tout, de tous, et aussi de vous-même. Lors de la pré-rentrée vous ont été remises des clés et des listes de classes. Avant de rentrer à la maison, vos spécimens sous le bras, traînez un peu dans le collège. Imprégnez-vous de son atmosphère et surtout repérez les lieux. Rendez-vous dans la salle où vous aurez cours. Essayez les clés, familiarisez-vous avec la résistance de cette serrure plus vieille que vous. Il suffit, en effet, de presque rien pour engendrer une année de cauchemar : par exemple un passe récalcitrant qui vous oblige à appeler à la rescousse un collègue gentiment goguenard.

Entraînez-vous à déchiffrer les noms les moins évidents à prononcer de vos listes de classes. Un patronyme écorché peut déclencher une réaction exagérément outrée chez son jeune propriétaire et l'hilarité générale d'une classe à l'affût du moindre faux pas.

Méfiez-vous des estrades. Elles n'ont été inventées que pour une raison : que les profs s'y prennent les pieds et, le plus souvent, elles sont perfidement accompagnées d'un seau d'eau trouble qui n'attend que d'être renversé par l'enseignant maladroit ou inattentif.

Des petits riens, vous dis-je, mais qui, s'ils ne sont pas négociés avec maestria, vous mèneront immanquablement à votre perte.

Soyez intransigeant avec ces petits monstres. Énumérez précisément le matériel que vous exigez pour votre matière. Si vous voulez un cahier 24 x 32, dites-le avant de vous retrouver face à une fronde pré-pubère qui agitera sous votre nez les magnifiques cahiers 21 x 29,7 achetés deux jours plus tôt au supermarché du coin. Si vous avez demandé une règle graduée de 30 centimètres, n'acceptez pas un morceau de plastique de 12,3 centimètres, unique survivant estropié de l'année scolaire précédente. Accrochez-vous à vos convictions et tout se passera bien – enfin, on peut l'espérer !

5

Les Anciens

La carrière d'enseignant est longue. Très longue. Certains la jugent sans doute même trop longue, mais voilà : le prof se trouve un peu dans la situation du type qui a envie de quitter sa femme parce qu'il s'ennuie avec elle, mais n'ose pas franchir le pas par crainte de ce qu'il perdra. Un prof qui quitte l'Éducation nationale renonce ainsi à la sécurité de l'emploi, aux vacances et à un environnement (parfois) sécurisant[1].

Arrivé à un certain âge, une certaine lassitude apparaît donc chez les profs. Cela commence généralement autour de la cinquantaine – mais parfois avant[2].

Imaginons Françoise, cinquante-trois ans au compteur, dont trente-deux passés coincée entre un tableau vert (il n'y a plus de tableau noir depuis longtemps) et des générations successives d'élèves plus ou moins dési-

1. Pas son prestige, non. Cela fait bien longtemps que celui-ci a disparu corps et âme.

2. Un collègue qui venait d'obtenir sa titularisation, à moins de trente ans, ne supportait déjà plus ses élèves. Il enseignait à Bobigny.

reux de travailler. Souvenez-vous du 1er septembre, jour de la pré-rentrée. Vous aviez souri intérieuremen lorsque Françoise avait affirmé être fatiguée – après deu mois de vacances. Et de s'être levée plus tôt qu'elle n l'a fait depuis début juillet n'a rien à voir dans l'histoire Non. Françoise est fatiguée d'enseigner.

Pour elle, les élèves – quel que soit leur âge – ne son plus que des petites créatures bruyantes, turbulentes sans intérêt. Seul compte le petit Hugo ou la petite Salomé, qui vient de naître et qui a fait de Françoise une grand-mère attendrie par le premier enfant de sa fille. Une mamie, quoi. Est-ce le rôle d'une mamie d'enseigner à des préadolescents le théorème de Pythagore, la photosynthèse ou la différence entre « *must* » et « *needn't* » ? Pas forcément. Et pourtant...

Pourtant, Françoise devra continuer sans états d'âme et avec autant d'efficacité qu'à vingt-cinq ans, car c'est une *professionnelle*. À ce titre, elle a été formée (il y a très, très longtemps, bien sûr, mais après tout, elle n'avait qu'à suivre davantage de stages pour se tenir au courant des nouvelles méthodologies), inspectée (deux à trois fois seulement dans sa longue carrière, mais les I.P.R. [1] sont si peu nombreux qu'ils ne peuvent pas faire mieux) et payée à la fin du mois. Alors, au boulot, Françoise !

En attendant la retraite, notre Françoise a demandé

---

1. I.P.R. : Fonctionnaire de premier rang, dont il a déjà été question, accueilli par le Principal en personne, avec café et petits biscuits, et repas franchement amélioré à la cantine, sous l'œil médusé des élèves et les commentaires envieux, désabusés, mais prudents quand même – certains sont peut-être sur le point d'être inspectés – des profs commensaux.

– et obtenu, après plusieurs demandes – une C.P.A. [1], soit un temps partiel qui doit lui permettre de tenir le coup – psychologiquement, physiquement et financièrement. Évidemment, son emploi du temps est un véritable gruyère qui la force à passer beaucoup d'heures en salle des profs, à ressasser sa condition de prof au bout du rouleau.

C'est là que vous, jeune prof, intervenez. Ou plutôt, non. Vous n'intervenez pas, vous écoutez (subissez) en silence, avec un hochement de tête occasionnel afin de ne pas décourager Françoise qui soliloque en vous prenant à témoin.

Cela donne à peu près le dialogue suivant :

— Ça va, Françoise ?

— Oui, oh... On est fatiguée, quand même...

— Hum, hum.

— C'est vrai, ce n'est pas évident, après deux mois, de reprendre le rythme.

— Hum.

(En ce qui vous concerne, c'est votre première rentrée, donc, techniquement, vous ne sortez pas de deux mois de vacances, mais de deux mois d'angoisse – ce qui est différent.)

— Ça va, ton emploi du temps, toi ?...

— Oui, ça peut aller. Tu sais, je suis stagiaire, alors avec...

— ... parce que moi, ils ne m'ont pas gâtée. Tu te

1. C.P.A. : Temps partiel pendant lequel les personnels concernés abandonnent pour quelques heures leur potager, leur chevalet ou leur machine à coudre pour épuiser devant quelques classes leurs dernières ressources pédagogiques.

rends compte, je suis à mi-temps et j'ai plein d'heures de trou. On dirait qu'ils le font exprès.

— Hum. Et tes classes, ça va ? T'as quels niveaux ?

— Ah ! Ils m'ont donné une quatrième, alors que j'avais bien dit dans ma fiche de vœux que je ne voulais que des sixièmes et des cinquièmes, tu te rends compte ?...

— ...

— C'est quand même pas la même chose, ils devraient le savoir...

— Tu en as quand même eu ? Des sixièmes et des cinquièmes, je veux dire.

— Oh, oui. Mais ils me fatiguent... Ils en font du bruit, si tu savais...

Évidemment que vous le savez, vous aussi avez hérité d'une classe de sixième. Vous aussi avez à subir plusieurs fois par semaine les petits farfadets aux voix suraiguës, qui vous demandent s'ils doivent écrire au bleu ou au noir, tracer un trait de cinq ou six carreaux, passer une ligne ou deux et, cerise sur le gâteau, vous appellent parfois « Maman » ou « Papa ».

Mais Françoise n'est pas la pire. Françoise est gentille. Un peu désemparée et lasse, mais gentille. Ce n'est pas le cas de tous les Anciens. Il existe aussi des profs aigris par plus de trente ans d'enseignement. Ceux-là, il faut se les farcir.

Certes, vous me rétorquerez, de l'autre côté de ces pages, que c'est facile : il suffit de les éviter. *Problem solved.* Sauf que ce n'est pas toujours possible.

Dans le monde merveilleux de l'Éducation nationale, il existe un concept nommé le Conseil d'enseignement. Celui-ci peut être amené à se réunir, à l'initiative du chef d'établissement, plusieurs fois par an afin de régler des problèmes ponctuels inhérents à chaque matière. Et là, allez dire à votre chef : « Pas question que je m'assoie à la même table que Tartempion, il est tellement antipathique... » Non, vous ne le ferez pas car, après tout, dans « chef d'établissement », il y a « chef », et vous faites peut-être partie des derniers contingents à avoir eu à effectuer leur service national et donc, « chef », vous savez ce que cela signifie.

Quels sont donc les problèmes qui peuvent surgir à cause de profs anciens et aigris ?

Eh bien, pour commencer, vous pourriez connaître, avec eux, ce que nous appellerons pudiquement des « divergences d'ordre pédagogique ». Par exemple, tous les profs de votre matière ont exprimé le souhait de changer de manuel. Tous ? Diantre, non ! Car il en est un qui résiste encore et toujours aux velléités de renouvellement de ses collègues – appelons-le Georges.

Vous croyez avoir gagné la partie en ayant convaincu tout le monde d'opter pour tel manuel qui sait ménager les objectifs pédagogiques imposés par le programme et se montrer attrayant (dans la mesure du possible, il ne faut pas rêver non plus) pour des collégiens, disons, de quatrième. C'est là qu'intervient Georges.

Cela commence par une moue silencieuse. Vous qui cherchez l'unanimité n'avez d'autre solution que de vous adresser à votre renfrogné collègue.

— Ça te convient aussi, Georges, le choix du manuel ?...

— Oh... Moi, pour ce que j'en pense...

— Non, il n'y a pas de raison, insistez-vous naïvement, croyant insuffler un peu de votre enthousiasme au patriarche de cinquante-cinq ans qui vous fait face.

Erreur fatale. Vous êtes tombé à pieds joints dans le piège tendu par Georges le Madré.

— Je vais te dire, commence-t-il alors, avec l'autorité de celui qui s'est tu jusque-là et qui ne parle pas pour ne rien dire, lui, n'est-ce pas ? Je ne comprends pas ce besoin de changer de manuel à tout bout de champ ? Qu'est-ce que tu reproches à *Let's go !* ? C'est vrai, quoi ! Il est bien, ce bouquin, pourquoi il faudrait déjà en changer alors qu'on en a recommandé une série il y a cinq ans ?...

Vous êtes ferré. C'est à vous, le jeune prof débutant, limite ignare, que s'est adressé Georges, du haut de ses trente-cinq ans d'expérience dans l'enseignement. Des manuels, il en a choisi bien avant que vous sachiez marcher seul. Vous auriez pu l'avoir comme prof et vous feriez bien de lui manifester un peu de respect, tout de même, c'est vrai, ça va bien, les jeunes, là, qui veulent tout bousculer sur leur passage sans égard pour ceux qui étaient en place avant eux !... Mais ça, Georges ne vous le dit pas explicitement, il vous le laisse voir dans ses petits yeux gris et las. Juste avant d'assener le coup de massue final.

— Et puis, à trois ans de la retraite, je n'ai pas envie de refaire toutes mes preps[1]. Enfin, faites ce que vous voulez, je ne demanderai pas de quatrième l'an prochain, c'est tout.

L'air s'est tout à coup épaissi autour de la table. Le chef d'établissement, pas plus courageux que les

1. Preps : préparations (de cours).

autres, consulte ses notes en tendant l'oreille. Et voilà que le choix collégial d'un nouveau manuel s'est mué en complot anti-Georges. Vous déglutissez et, après quelques secondes d'une lourdeur inhabituelle, enchaînez timidement :

— Bon. Je ne sais pas, alors...

C'est là qu'intervient cette fois Françoise – elle a toujours eu un petit faible pour Georges, qui est de quelques années son aîné et n'a pas toujours eu l'air aussi fatigué et aigri. C'est vrai, même vous l'avez déjà vu rire, à la cantine, avec ses collègues quinquas...

— Peut-être qu'on pourrait attendre l'an prochain. Georges n'a pas tort : les livres sont quasiment neufs, ce serait bête de les changer déjà...

Et voilà ! Adjugé ! Georges réajuste sa position dans son fauteuil – la salle de réunion possède des sièges bien plus confortables que les salles de classe – et pousse un imperceptible soupir d'aise. On dirait presque qu'il va sourire.

De votre côté, vous pestez et finissez par dire à votre grisonnant collègue qu'il ferait bien de se remettre en question de temps en temps et que, si les élèves s'ennuient avec lui, il doit bien y avoir une raison – que vous connaissez désormais. Bien sûr, vous le lui dites « virtuellement », en lui envoyant des ondes fulgurantes par la pensée – vous croyez à la force de la télépathie. Après tout, vous n'avez rien à gagner à provoquer un scandale sous les yeux incrédules de votre Principal, qui ne manquerait pas de vous rappeler à un peu plus de mesure.

Vous vous projetterez peut-être alors dans ce futur encore très éloigné où vous aussi aurez les tempes grisonnantes, les traits creusés par l'âge et l'usure, et l'enthousiasme au ras des pâquerettes. Vous vous demanderez s'il est bien raisonnable qu'une Institution qui a pour vocation d'instruire la jeunesse d'un pays s'en remette à ses vieux pour le faire.

Cette prise de conscience aura au moins pour effet bénéfique de vous aider dans vos rapports avec Georges ou Françoise. Vous songerez, plus souvent qu'à votre tour, que vous êtes un Georges ou une Françoise en devenir. Et que vous aussi, un jour, baisserez les bras devant l'énergie débordante de vos élèves. Et que vous non plus, un jour, ne jugerez pas utile de changer de manuel alors qu'il ne vous reste que quelques années à tirer dans cette prison aux journées rythmées par des sonneries stridentes que vous attendez, selon les cas, avec lassitude, voire anxiété – celle de huit heures – ou impatience et soulagement – celles de dix-sept heures.

Et vous patienterez jusqu'à la fin de la réunion pour aller boire un petit café à la machine. Peut-être même que vous parlerez avec Georges...

6

Les profs d'allemand

Les profs d'allemand sont à l'enseignement ce que les baleines sont à la faune aquatique. Le lys marnallée à la flore alpine. Le minitel à la communication : des espèces en voie de disparition.

Comme les dinosaures avant eux balayés de la surface du globe par l'arrivée d'une météorite, les profs d'allemand sont confrontés à une menace similaire : l'émergence de langues plus attrayantes – du point de vue des élèves et de leurs parents, s'entend – qui risque de provoquer leur disparition pure et simple.

Aussi est-il normal – en tout cas compréhensible – que nos collègues profs d'allemand nous paraissent parfois plus tendus que l'enseignant moyen. Mettons-nous à leur place, aussi !

Croyez-vous qu'il soit facile de vivre chaque fin d'année scolaire avec l'angoisse du lendemain, c'est-à-dire ici de la rentrée suivante ? Le prof d'allemand est, plus que tout autre prof de langue, soucieux des effectifs. À ce détail près que lui ne se plaint pas de la surcharge de ces derniers, mais du contraire.

Aussi voit-on, dans les campagnes et dans les villes,

des profs d'allemand se rendant d'école primaire en école primaire pour prêcher la bonne parole : celle de Goethe.

Qu'il neige ou qu'il vente, en voiture, en métro ou en bus, le prof d'allemand donne de sa personne afin de pérenniser sa matière et d'assurer par la même occasion sa place dans l'univers impitoyable de l'Éducation nationale. Car sans élèves germanistes, qu'adviendrait-il des profs d'allemand ? Eh oui : la même chose qu'aux dinosaures – en moins spectaculaire, certes, mais l'effet serait tout aussi dévastateur.

C'est la raison pour laquelle il faut faire preuve de patience et même de gentillesse à l'égard de ces collègues en voie d'extinction. Car extinction il y aura inéluctablement : au royaume des « Langues Vivantes 2 », l'espagnol et l'italien sont trop forts, trop attirants. Le soleil, la sieste, la plage, le football... L'allemand ne peut rivaliser, hélas – sauf, peut-être, en football.

Quelques règles de bienséance s'imposent donc vis-à-vis des profs d'allemand, si on ne désire pas s'en faire des ennemis mortels. Sachez d'abord que le prof d'allemand, vu sa situation précaire, est susceptible – cela se comprend aisément. Aussi, évitons de commettre des bourdes grossières qui nous grilleraient à vie. Par exemple, inutile d'aller argumenter avec un prof d'allemand sur la difficulté de la grammaire qu'il enseigne car il vous en cuirait ! D'autres avant vous ont essayé, à seule fin de consoler un peu leurs collègues voyant la baisse annuelle d'effectifs, et ils s'en sont mordu les doigts. Dans de telles situations, le prof d'allemand – qui est tout sauf trouillard – risque de vous réduire en petits morceaux sur place sous le regard effaré mais résigné de vos propres collègues.

De la même façon, il vaut mieux ne pas trop faire usage de la brosse à reluire, juste pour regonfler le moral de vos méritants collègues. Personne n'est à l'abri d'une erreur de langage qui peut s'avérer fatale. Illustration.

La scène a eu lieu lors d'un conseil de classe de troisième. La réunion touchait à sa fin, tout s'était relativement bien passé, les vœux d'orientation des élèves seraient probablement respectés et chacun se préparait tranquillement à rentrer chez soi plus tôt que prévu, qui pour les actualités régionales, qui pour l'apéritif, qui pour les deux.

Le Principal exprimait sa joie de constater que les effectifs germanistes pour les sixièmes de l'année suivante, soit le vivier des profs d'allemand pour quatre années, allaient s'étoffer pour la première fois depuis un bail.

C'est alors qu'un prof présent – appelons-le Patrick – a pris la parole, dans un élan de générosité sans doute, articulant peut-être la joie profonde qu'il ressentait de voir ainsi ses collègues profs d'allemand assurés d'un emploi pour quelque temps encore... Toujours est-il qu'il s'est exclamé avec enthousiasme : « En tout cas, votre travail de sape aura porté ses fruits, c'est formidable ! »

Lorsque notre collègue Geneviève l'a, sans un mot, fusillé du regard, tout le monde a compris qu'il avait dit une bêtise. Mais quoi ? Le malaise n'a pas eu le temps de s'installer que le Principal a rectifié le tir en corrigeant la bévue :

« Vous voulez sans doute dire "travail de fond" ?... »

Le prof, confus, s'est alors rendu compte de l'énormité de sa bévue. Plates excuses, sourire gêné de sa part, grommellement d'acceptation de la part de notre collègue. Incident clos, pensions-nous alors avec soulagement.

Il faut un brin de naïveté pour faire carrière dans l'enseignement, comme allait le rappeler Geneviève à l'auteur du malheureux lapsus, le lendemain à la cantine.

Nous déjeunions tranquillement entre collègues, les pâtes étaient chaudes et l'eau coulait à flots, lorsque Geneviève déboula dans la petite salle réservée aux enseignants. Elle se dirigea directement vers Patrick et, sans tenir compte de notre présence, cracha avec une froideur polaire :

« Je tenais à te remercier pour ta remarque d'hier soir. Au moins, maintenant, je sais avec quel mépris tu considères ma matière... »

Pour chacun des témoins traumatisés par l'attaque, le reste fut perdu dans les méandres tortueux de la mémoire, tant le choc était profond. Et l'humiliation proche pour le pauvre Patrick. En revanche, l'injustice était bien au rendez-vous, il faut le reconnaître.

D'accord, il avait dit « sape » au lieu de « fond », mais il avait présenté ses excuses. Et voilà que l'épisode tournait au procès d'intention, c'était abusif. Nous sursautâmes comme un seul homme lorsque, tel un polichinelle surgissant de sa boîte, Patrick se leva promptement pour aller voir Geneviève et lui faire part de son étonnement. Choisissant d'être diplomate, il réitéra même ses excuses – « Quelle chanceuse, cette

Geneviève ! » nous dîmes-nous à prudente distance, mais rien n'y fit, ou presque. Et à ce jour encore, elle en veut à Patrick et reste persuadée qu'il méprise la langue de Goethe.

7

Les surveillants

En ce début de vingt et unième siècle, le surveillant n'a plus grand-chose à voir avec celui que les lecteurs les moins jeunes ont connu dans leur tendre enfance. C'en est fini du surgé (surveillant général) qui menait ses troupes à la baguette et au sifflet. Ne vous attendez plus aujourd'hui à voir les élèves se mettre en rang dès la fin de la récréation et l'apparition du premier surveillant. (Oui, normalement, les surveillants passent la récréation dans la cour, à surveiller, précisément, les élèves, mais parfois, ils sont absents, pris par d'autres tâches plus importantes, que nous détaillerons plus loin.)

De nos jours, c'est vous, jeune prof, qui devrez faire preuve d'autorité afin d'obtenir de vos élèves agités qu'ils se mettent correctement en rang avant de monter en classe. Parfois sous l'œil narquois ou, au mieux, indifférent d'un ou deux surveillants qui pourraient vous venir en aide mais préfèrent éviter de saper votre autorité balbutiante en intervenant à vos côtés.

Ce comportement vous choque ? Il ne devrait pas, pourtant. Car il ne faut pas oublier non plus que les surveillants sont, avant tout, des étudiants. En tant que tels, ils ont été plus ou moins contraints de trouver un job qui puisse leur permettre de se nourrir d'autre chose que de pâtes ou de riz. Il ne s'agit pas pour eux d'une vocation. C'était ça ou travailler au fast-food du coin. Et il est beaucoup plus intéressant, à de nombreux points de vue, d'être surveillant que préparateur de burgers confiné aux cuisines de telle enseigne nichée au cœur du premier centre commercial venu.

Les avantages de la fonction de surveillant sur celle de préparateur de burgers – sans compter l'odeur insistante dont se retrouvent imprégnés les vêtements du second à la fin de sa journée de travail – sont nombreux.

Pour commencer, les horaires. Une vingtaine d'heures par semaine – à temps plein. Comme vous – mais le salaire est moindre, il ne faut pas exagérer ! Et un emploi du temps qui demeure souvent une donnée ignorée pour les profs. Celui-ci n'est connu que des initiés : les premiers intéressés, bien sûr, et le C.P.E. [1] qui attribue à chacun des missions bien précises. En revanche, si vous ressentez tout à coup le besoin impérieux de disposer d'un surveillant – il vous faut exclure un élève de votre cours, par exemple, et vous ne tenez pas à le faire accompagner par le délégué qui est justement son ami – la tâche sera généralement assez difficile, il vaut mieux le savoir.

Pourquoi ? Parce que ! C'est en tout cas ce que vous

---

1. C.P.E. : Supérieur hiérarchique direct des surveillants, père Fouettard ou Papa Poule selon les heures, le C.P.E. défendra néanmoins ses poussins les surveillants bec et ongles, si d'aventure quelque prof impudent ose mettre en doute la qualité de leur travail.

répondra sans doute le C.P.E. lorsque vous serez allé le voir pour vous plaindre de cet état de fait. Les surveillants dépendent de lui uniquement. À ce titre, le C.P.E. est le seul à les mandater pour telle ou telle tâche. Si, par malheur, vous l'avez oublié, il prendra un malin plaisir à vous le rappeler et vous incitera – surtout si vous êtes *une* jeune prof et que le C.P.E. est un homme d'âge mûr – à faire preuve de plus d'autorité auprès de vos élèves afin d'éviter ce genre de désagrément à l'avenir.

Comme vous, les surveillants ont droit à des moments de pause. Néanmoins, contrairement aux vôtres (les récréations ont lieu à heures fixes), ceux des surveillants sont à l'image de leur emploi du temps : une énigme pour les profs. Aussi, ne vous étonnez pas si, alors que vous êtes en train d'en baver sur un paquet de copies pendant une de vos heures « de trou », deux ou trois surveillants surgissent tout à coup dans la salle des profs, avec cette insouciance joyeuse qui les caractérise dans ces moments-là. Ils se dirigeront bruyamment et sans égard particulier pour votre concentration vers la machine à café, où ils évoqueront en patientant la dernière teuf organisée par l'un ou l'autre, avant de disparaître, à votre grand soulagement, vers la salle fumeurs, gobelets en main et la démarche souple et détendue – en riant fort, bien sûr.

De la même manière, il vous arrivera de constater une agitation certaine dans les halls et couloirs lors de la dernière heure de la matinée. C'est normal. De onze heures à midi, les surveillants sont en pause méridienne – c'est-à-dire qu'ils déjeunent, à la cantine ou dans leur local. Et donc ne doivent être dérangés sous aucun prétexte – sauf, éventuellement, par le C.P.E. leur dieu. À vous donc de faire régner l'ordre et la discipline si des élèves n'ayant pas cours s'amusent à hanter les couloirs – si possible bruyamment – pendant que leurs camarades sont encore prisonniers des profs. Attention toutefois ! Ne vous aventurez pas à courser un élève qui serait venu frapper à votre porte avant de détaler comme un lapin en riant de toutes ses dents. Vous auriez peu de chances de l'identifier, encore moins de le rattraper, et vos élèves pourraient en outre profiter de votre course-poursuite pour faire les quatre cents coups dans votre classe. Pour corser le tout, vous risqueriez de devoir réintégrer votre salle penaud et hors d'haleine, avec comme objectif désormais inaccessible de remettre vos élèves au travail pour les dernières minutes de cours.

Mais revenons aux surveillants. Ils sont d'abord là pour payer leurs études, et non pour venir en aide aux profs à bout de ressources. D'ailleurs, leur tenue vestimentaire les rapproche, la plupart du temps, davantage des élèves que des profs – même jeunes. Mêmes jeans délavés, taille basse ; mêmes T-shirts à l'effigie de tel ou tel groupe de rock en vogue autant dans la cour de récréation que sur le campus qu'ils fréquentent parfois ; même inventivité capillaire.

Beaucoup de choses rapprochent les surveillants des élèves. Leur âge, bien sûr : ils sont de nos jours plus des grands frères ou grandes sœurs que des adultes ayant mission d'autorité. À ce titre, selon les établissements dans lesquels ils interviennent, ils sont parfois plus aptes à réussir que certains profs qui découvriront la différence brutale entre la théorie enseignée dans le confort douillet de l'I.U.F.M.[1] d'Aix-en-Provence et la pratique sur le terrain miné du collège Elsa-Triolet dans les quartiers nord de Marseille.

D'autre part, contrairement aux profs que l'on parachute généralement à l'opposé de l'endroit où ils désiraient aller faire leurs classes, les surveillants sont souvent d'anciens élèves de cet établissement que vous quittez le soir avec le secret espoir de retrouver votre voiture intacte.

Cette connaissance du tissu socio-économique local, qui vous échappe, confère au surveillant une longueur d'avance qu'il vous sera difficile de combler, sauf à faire preuve d'une démagogie coupable et dont l'efficacité reste à démontrer : « Non, mais j'avais réellement envie de découvrir la richesse de ce quartier, d'aller au-delà des clichés véhiculés au JT », ou : « Et puis, y en a marre de toujours travailler pour les élites, notre avenir se joue là, dans les quartiers. Il faut en être ! », ou, pour les moins imaginatifs d'entre vous : « L'OM, c'est quand même un superclub !... »

En tant qu'étudiant, le surveillant doit consacrer une bonne partie de son temps libre (c'est-à-dire les heures pendant lesquelles il n'assiste pas à des cours à l'université) à étudier, lire, rechercher ou réviser pour ses partiels ou ses examens terminaux. C'est la raison pour laquelle vous le trouverez bien souvent assis devant un des ordinateurs du C.D.I.[2], à surfer sur la Toile afin de peau-

1. I.U.F.M. : Institut Universitaire de Formation des Maîtres. Lieu de culte où de grands gourous rassemblent périodiquement de nubiles stagiaires afin de perpétuer le mythe du Collège unique.

2. C.D.I. : Centre de Documentation et d'Information. Espace détente pour les élèves, où ils peuvent lire des BD,

finer tel ou tel projet vital pour la poursuite de ces études qu'il peine à rattraper. Montrez-vous donc compréhensif et ne tirez pas de conclusions hâtives si, après être sournoisement passé derrière lui pour consulter l'historique de son navigateur Internet, vous vous apercevez qu'il a passé le plus clair de son temps de connexion haut débit (fournie gratuitement par l'Éducation nationale) à naviguer de chat-room en blog avec une opiniâtreté qui force le respect. En effet, le surveillant – que vos bas instincts de prof qui se méfie de tout et de tous vous conduiraient trop facilement à taxer de fainéant profiteur du système – cherchait sans doute tout simplement à tirer parti des nouvelles technologies mises à sa disposition au sein du collège. Et s'il « chattait » aussi assidûment pendant ses heures de travail, c'était probablement avec d'autres surveillants-étudiants soucieux, comme lui, de rendre à leurs professeurs les meilleurs travaux possible. Prenez-en donc de la graine !

---

feuilleter des magazines ou bavarder en faisant semblant d'effectuer des recherches.

8

Le Principal adjoint

Ne vous y trompez pas ! Sous ses airs assurés et son costume-cravate (ou son tailleur impeccable), le Principal adjoint n'est pas très différent des profs.

Comme vous, une fois sur deux, il vient d'obtenir un concours (ici, celui de chef d'établissement). Par conséquent, lui aussi doit faire ses preuves, démontrer qu'il a les qualités requises pour exercer la haute fonction à laquelle il se destine. Mais son rôle est particulièrement frustrant. Réfléchissez un instant : en tant que prof, même jeune, vous avez toute latitude pour instaurer dans votre salle de classe le climat qui vous semble le plus propice à l'épanouissement de vos élèves et à leur réussite. Vous pouvez, avec la bénédiction de l'I.U.F.M., tester des méthodes pédagogiques innovantes et ramener ainsi sur le chemin de la réussite des élèves qui, peut-être, avaient perdu tout espoir avant votre apparition messianique dans ce collège. Et, de temps en temps, vous pouvez faire preuve d'une démagogie parcimonieuse auprès de vos ouailles afin de vous attirer leurs bonnes grâces et de vous ménager un peu de tranquillité. Ce n'est pas le cas du Principal adjoint.

Ce dernier doit, en effet, tenter de se faire une place au soleil dans l'ombre du Principal, qui demeure le maître à bord, quelles que soient les circonstances.

La difficulté pour lui consiste à affirmer sa personnalité sans trahir la vision de son supérieur hiérarchique direct. Cela étant posé, il n'est pas interdit de pratiquer quelques coups bas lorsque le Principal en question n'est pas dans les parages, en conservant bien sûr courtoisie et sourire. Exemple vécu. À des parents d'élèves qui demandaient, lors d'un conseil de classe, en quoi consistait ce « Cahier du Professeur principal » qui venait d'être évoqué, une Principale adjointe fit cette réponse éloquente : « Oh, vous savez, ce n'est pas mon bébé, alors... Mais enfin, disons que bla-bla-bla... »

Pourquoi tant de haine ? Peut-être parce que, comme vous, le Principal adjoint se doit de faire preuve, lorsque c'est nécessaire, d'un certain esprit critique. Un prof ne doit pas se sentir prisonnier de tel ou tel manuel s'il ne lui convient pas. Il doit chercher les références, les documents, qui lui semblent les plus appropriés au message qu'il veut transmettre à ses élèves. Ne pas se contenter d'être un opérateur zélé mais conserver, au contraire, une distance critique vis-à-vis de l'ouvrage qu'on lui propose d'utiliser en classe.

Pour le Principal adjoint, c'est la même chose. Que celui-ci se montre trop élogieux à l'égard de la moindre initiative du chef d'établissement et il perdra toute crédibilité non seulement auprès de son chef, mais aussi de l'ensemble de la communauté éducative. Si, au contraire, il passe son temps à critiquer tout ce que dit ou fait le Principal, le résultat sera le même : il passera aux yeux de tous pour un aigri, qui souffre de vivre dans l'ombre de son supérieur hiérarchique. Un genre d'Iznogoud, dont la seule ambition est de devenir calife à la place du calife – sans en avoir les qualités ni l'envergure.

Lorsqu'il n'a pas choisi d'être Principal adjoint *ad vitam aeternam*, ce dernier est donc stagiaire. Il devra donc, comme vous, faire ses preuves, assister à réunions et séminaires, ne pas compter ses heures de travail, à l'intérieur et à l'extérieur du collège.

Il devra aussi se montrer solide, physiquement et psychologiquement. En effet, la tentation sera parfois grande pour lui de croire que le Principal exagère, lui en demande trop, que telle ou telle tâche ne fait pas partie de ses attributions. Mais à l'instar du prof que le Principal – ou son Adjoint, ah ! – sollicite pour tel ou tel projet novateur et qui se voit contraint d'accepter (« Penser à la Note administrative ! »), le Principal adjoint n'a pas le choix et doit s'exécuter. Eh oui, dans le monde de l'Éducation nationale, le parapluie fonctionne à tous les étages !

Cette fonction intermédiaire implique donc également des rites de passage, qui prouveront que la bête a le dos large, les nerfs solides, et sait serrer les dents lorsque la pente est rude.

Il n'est donc pas rare que le Principal adjoint se voie confier des tâches subalternes ou qui intéressent peu le chef d'établissement. Celui-ci lui déléguera donc souvent ses pouvoirs pour la confection des emplois du temps – évitant ainsi de se trouver la cible des profs mécontents le jour de la pré-rentrée.

C'est également lui qui sera chargé de remettre les médailles aux vainqueurs du cross du collège ou les cartes d'A.S.S.R.[1] aux élèves ayant réussi l'examen en deux étapes (5e et 3e).

Mais le bizutage du Principal adjoint trouve généralement son apogée lors du Conseil d'administration du collège. Car c'est toujours sur lui que retombe la corvée de rédiger le compte rendu du C.A. en question. Non qu'il s'agisse d'une obligation, mais quand le Principal requiert un volontaire pour se charger de cette tâche, chacun des profs baisse la tête afin de consulter les tas de papiers disséminés devant lui ou de convenir avec le Délégué syndical de la conduite à tenir lors du vote du voyage en Espagne de Mme Duclos ; le gestionnaire consulte ses tableaux récapitulatifs ; les parents d'élèves ne se sentent pas concernés ; les délégués élèves s'ennuient. Résultat, la consultation se termine invariablement par : « Madame Bricart, vous voulez bien vous charger du compte rendu ?... »

Que voulez-vous que la pauvre réponde ?

1. A.S.S.R. : Attestation Scolaire de Sécurité Routière. Permet aux profs de se rendre compte que leurs élèves sont des dangers publics lorsqu'ils sillonnent les rues sur leurs engins motorisés. Cela leur fait au moins un point commun.

9

La machine à café

La machine à café est un endroit stratégique du collège. Tout le monde y passe : profs jeunes et anciens, syndiqués et non syndiqués, surveillants, documentaliste... Elle est l'autel autour duquel se pressent tous les protagonistes, dix minutes par jour (au moins), deux fois par jour (au moins). Tels des communiants sur le point de recevoir leur hostie dominicale, les profs s'alignent devant l'objet de leur foi – le dieu Caféine – et piétinent de longues minutes, parfois dans un silence respectueux, en attendant que vienne leur tour de recevoir le sanctifié gobelet qui les délivrera du mal qui les ronge sur le coup de dix heures.

Selon les modèles, l'attente est plus ou moins longue et chacun scrute sa montre avec angoisse : c'est que les minutes défilent et la récréation n'est pas bien longue. L'alternative est alors douloureuse pour le prof stressé qui n'a que dix minutes pour se détendre (un peu). Faut-il d'abord passer aux toilettes en espérant que, trois minutes plus tard, la file d'attente sera moins longue ? Ou s'abstenir, par crainte que cette dernière se fût allongée davantage ?

Le jeune prof doit redoubler de méfiance devant le test de la machine à café. C'est en effet le premier endroit où il tentera de créer quelques liens avec des collègues dont il ignore tout en début d'année. Le statut de débutant l'expose aux pires dangers. Les paroissiens qui s'agglutinent autour de cet étrange parallélépipède avaleur de monnaie ne veulent pas tous son bien.

Le prof récemment nommé sait d'ores et déjà que le Délégué syndical l'a à l'œil. Son organisation a besoin de viande fraîche et le fumet qu'il dégage lui met l'eau à la bouche. Ce n'est, hélas, pas le seul prédateur qui rôde devant la machine à café.

Un jour ou l'autre, chacun a dû faire face à ce collègue parasite dont on trouve au moins un spécimen dans chaque salle des profs : le fauché.

Le fauché ne l'est pas vraiment et n'utilisera d'ailleurs jamais l'argument des problèmes financiers pour vous demander de lui payer un café. Simplement, ce qui lui paraît peu de chose de la part d'autrui devient tâche impossible quand il s'agit pour lui de bourse délier. Le fauché a souvent le verbe haut car il ne faudrait pas que les autres profs pensent qu'il est embarrassé de devoir demander à un collègue – de surcroît jeune et donc *a priori*, moins argenté que lui, prof plus ancien – de lui offrir un expresso.

Le fauché est plein de ressources et d'imagination lorsqu'il s'agit de trouver une excuse à son manque de monnaie à ce moment crucial qu'est la récréation. Il faut l'admirer pour cette qualité. Exemples que vous entendrez peut-être dans votre propre salle des profs :

« Salut ! (Le fauché est toujours poli.) Ça va ? Tu t'habitues ? Bon. Dis, euh, par hasard, t'aurais pas

40 centimes pour la machine ? J'ai laissé mon portefeuille dans ma salle... Ah ! Merci, t'es super-sympa ! » (Le fauché est reconnaissant.)

« Excuse-moi... Tu pourrais pas m'avancer 40 centimes, j'ai que des billets, là, et... Ah, merci ! Super-sympa ! »

« Bonjour, ça va ? Dis, euh... Je dois faire des photocop', là, et comme tu fais la queue, tu pourrais pas me prendre un café – long, sans sucre ? Je te rembourserai, hein... Merci ! Bon, j'y vais. Sans sucre, hein ! »

Le fauché constitue un test réel au cours de cette quête d'intégration qui vous anime en début d'année. Refusez de lui payer ce café qu'il quémande et vous passerez d'emblée pour un radin qui n'a aucun sens de la solidarité entre collègues. Le fauché prendra alors un malin plaisir à colporter votre prétendue avarice et il vous sera dès lors difficile de vous défaire de cette image négative que vous ne méritez pourtant pas ! Si, en revanche, vous accédez systématiquement à sa demande dès qu'il la formule, vous risquez alors de voir vos finances lourdement handicapées par une générosité excessive.

Comme avec vos élèves, il faut fixer les limites à ne pas dépasser. Expliquer au fauché qui a décidé de vous harceler que, justement, c'est pas de veine, vous venez de dépenser vos dernières pièces dans la machine, ou que vous préférez les garder, ces dernières pièces, pour votre café de l'après-midi. Vous pouvez même aller plus loin et évoquer avec le fauché la possibilité pour lui de vous offrir à son tour ce café que vous lui avez accordé à maintes reprises depuis votre arrivée dans l'établissement dix jours plus tôt. Avec le sourire, bien sûr !

Une fois réglé celui du fauché, se manifeste parfois un autre problème, tout aussi enquiquinant. Celui des resquilleurs.

Resquilleurs dans le civil – au supermarché, au cinéma, dans les administrations –, pourquoi ne le seraient-ils pas dans leur vie professionnelle ? Ceux-là aussi sont habiles et mettent en avant des raisons bien valables de devoir passer devant vous.

« Excuse-moi, je dois rencontrer un parent d'élève, là. Je pourrais passer devant ? Merci. » (La raison ici invoquée est professionnelle, comment pourriez-vous refuser ?)

« Excuse-moi, j'ai que deux minutes, je dois aller surveiller le Brevet blanc. Je remplace Pascal Petit à dix heures et si je n'y vais pas tout de suite, il n'aura pas le temps de boire son café avant d'aller chercher ses élèves à dix heures cinq. Oui, il a cours juste après, en plus. Vraiment, l'Administration se fout de nous !... » (Comme précédemment, difficile de refuser. Vous offusqueriez en plus Pascal Petit à qui on ne manquerait pas de rapporter que s'il n'a pas eu le temps de boire son café avant d'aller chercher ses élèves, c'est à cause de vous !)

« Ben, et la galanterie, alors ?... »

Certaines n'hésitent pas à avoir recours à cet argument démodé pour vous griller alors que vous êtes sur le point de vous présenter devant l'appareil, vos pièces à la main et la bave aux lèvres ou presque. Vous avez alors le choix entre le sourire piteux accompagné de ce geste de la main indiquant à votre interlocutrice qu'elle peut y aller, c'est normal, non, non, pas de problème ! Ou bien la repartie triomphale, du style : « Tu ne vas pas me dire que tu en es restée là, après toutes ces années de combat pour la cause féminine ? Tss, tss, Jacqueline ! Pas de ça entre nous, je t'en prie. Tu fais la queue comme tout le monde. » Le tout avec le sourire, bien sûr. Toujours le sourire. Toujours. En plus, votre fermeté en la circonstance vous gagnera probablement quelques alliés masculins qui n'apprécient pas le sans-gêne de Jacqueline.

Il vous arrivera de serrer les dents lorsqu'un prof énervé (il vient d'avoir les 3e F) secouera la machine en tous sens parce qu'elle a avalé ses pièces mais refuse de lui fournir sa dose de caféine en échange. Vous prierez pendant qu'il pestera en tapant comme un malade sur les côtés du distributeur pour qu'il ne détraque pas complètement l'appareil – vous aussi avez besoin de votre café de dix heures.

Peut-être vous énerverez-vous à votre tour lorsque vous constaterez en grimaçant qu'il n'y a plus de café dans la machine et que vous avez bu de l'eau marronnasse en guise de cappuccino.

Vous aussi, peut-être, crierez au complot et expliquerez savamment à vos collègues que, depuis qu'« ils » ont changé la machine, le prix n'a peut-être pas augmenté mais les gobelets sont moins remplis, si, je vous jure, vérifiez par vous-mêmes !

Si tous ces comportements finissent par vous peser, il vous restera toujours la solution choisie par certains enseignants. Ceux-là évitent la salle des profs lors des récréations ! Pourquoi ? Demeurent-ils dans leur salle, à discuter avec des élèves que leur performance pédagogique a passionnés ou à peaufiner le cours qu'ils doivent donner lors de l'heure suivante ? Que nenni ! Non, ils se regroupent dans un local annexe, une réserve d'histoire-géographie par exemple, où sont stockées cartes et planisphères, qu'ils ont équipée de tout le matériel nécessaire – cafetière, bouilloire – et qu'ils occupent à chaque récréation ou parfois le midi. La raison de cet isolement ? C'est qu'ils ne trouvent pas leur compte dans la compagnie des collègues d'autres matières ou d'âges différents – c'est-à-dire plus jeunes, la plupart du temps. Ils se voient comme les gardiens menacés d'un temple séculaire : la Vieille École. Ils sont les chantres du « C'était mieux avant ». Avant quoi ? Avant tout ! Avant les nouveaux programmes, avant le nouveau Principal, avant le nouveau C.P.E. ou avant l'arrivée de tous ces jeunes collègues fraîchement sortis de l'I.U.F.M. avec leur nouvelle approche, leurs nouvelles méthodes. Et qui les rappellent à leur condition de dinosaures en sursis.

Vous pouvez certes tenter d'intégrer leur cercle très fermé. Mais ce choix se fera au détriment de votre intégration dans l'établissement. Vous aurez beau vous évertuer à les intéresser, à tenter de partager leurs enthousiasmes, vous demeurerez à la porte de leur confrérie, simple prof de passage. Ils vous laisseront sur le bas-côté de leur complicité, de leurs références, en attendant que, de guerre lasse, vous espaciez vos visites à leur club très privé, pour en définitive cesser d'y mettre les pieds.

Ne vous lamentez pas lorsque ce jour viendra. Car le bonheur réside ailleurs. En salle des profs, tout simplement. À vous d'en être un membre actif, d'affirmer votre personnalité, d'exercer, pas à pas, avec diplomatie, votre influence croissante sur le climat qui y règne. Parlez à tous, ne vous limitez pas au petit nombre, à un noyau dont vous ne seriez qu'un électron même pas libre. Après une phase d'observation indispensable, n'hésitez pas à prendre les devants, à offrir un café à tel collègue qui vous paraît intéressant.

Mais ne fuyez pas la salle des profs. Vous en êtes un, elle vous appartient donc. À vous de vous l'approprier !

10

La récréation

Il est neuf heures cinquante-cinq. La sonnerie retentit. « Pas trop tôt », vous dites-vous. C'est que ces petits sixièmes sont parfois si bruyants... Et indisciplinés. Et puis cette manie de vous appeler « Maman », on n'est plus à la maternelle quand même ! Surtout que votre barbe de trois jours devrait leur indiquer qu'ils devraient essayer autre chose. « Papa » à la rigueur !...

Bon. C'est enfin la récréation. Vous attendiez ça depuis deux heures, depuis cette conversation ébauchée avec votre séduisant(e) collègue de physique-chimie, dont le charme vous avait inexplicablement échappé jusqu'à présent. Enfin, vous allez pouvoir rattraper le temps perdu. Sauf que...

— Monsieur ?... (Madame).

(Quoi encore ? !...)

— Oui, Maxime ?... Qu'y a-t-il ?

— Ben... Je... J'ai pas bien compris l'exercice que vous avez donné pour demain.

— Ah.

Vos pieds fébriles voudraient coûte que coûte vous entraîner vers la salle des profs et votre séduisant(e) collègue – vous avez vérifié, il/elle a cours toute la matinée, l'appel de la machine à café sera irrésistible, vous avez prévu de lui offrir aujourd'hui son cappuccino habituel – l'impatience ne vous guette plus, elle s'est carrément emparée de vous. Et voilà que Maxime vient vous voir à la fin du cours. Que faire ?

Au début, vous aurez des scrupules. C'est normal – et louable à la fois. Toutefois, si vous voulez durer dans le métier, vous allez devoir apprendre à relativiser beaucoup de choses. Parmi elles, les conséquences éventuellement négatives d'un refus de réexpliquer au petit Maxime la règle de grammaire qui vient d'être vue. De toute façon, si vraiment l'élève n'a pas compris, ce n'est pas parce que vous lui aurez répété la règle à la vitesse d'un avion supersonique – tout en rangeant vos affaires dans votre serviette, en effaçant le tableau et en enfilant votre veste – que le lascar aura une chance de comprendre ce qui lui a échappé pendant une heure de cours complète.

Aussi détendez-vous. Et, lui aussi, détendez-le, en lui expliquant que ce n'est pas grave. Qu'il doit bien relire la leçon ce soir, si possible en compagnie de ses parents (vous aurez de la chance s'il ne vous rétorque pas qu'ils travaillent jusqu'à vingt heures et qu'en attendant leur retour il doit s'occuper de sa petite sœur de cinq ans.), et que si, malgré cela, il n'arrive toujours pas à faire l'exercice que vous avez donné pour le lendemain, ce n'est pas dramatique. Il devra simplement se montrer particulièrement attentif lors de la correction et ne pas hésiter à poser des questions si les choses restent floues. Normalement, le petit Maxime se contentera de hocher la tête d'un air pas forcément convaincu, mais il n'insistera pas.

Tout au plus osera-t-il peut-être un « Je serai pas puni, alors, si j'arrive pas à le faire ? ». Vous le rassurerez sur ce point avec ce sourire plein de la bonté qui vous habite et pourrez alors contempler l'heureuse perspective d'un cappuccino en compagnie – enfin ! – de votre collègue de physique-chimie.

Attention quand même aux petits malins qui pourraient déceler dans votre empressement de dix heures une brèche dans laquelle ils ne manqueraient pas de s'engouffrer. Du style : « Ouais mais l'autre jour, Maxime, il avait pas fait son exercice et vous l'avez même pas puni ! C'est pas juste ! Je vais le dire à mes parents, vous allez voir ! »

Il vous faudra très rapidement acquérir l'expérience nécessaire pour éviter ce genre d'incident désagréable. Demeurer juste, faire preuve de discernement (Maxime est faible mais fait des efforts, contrairement au protestataire dont la mission sur terre semble être de saborder votre cours dès que l'occasion se présente), tout en gardant à l'esprit que vous avez le droit à votre pause – et à votre cappuccino en compagnie de X ou Y.

Une fois ralliée la salle des profs, la partie n'est pas pour autant gagnée. Certains collègues, en effet, ne considèrent pas la récréation comme un moment de détente. Ils continuent sur la lancée de leur activité pédagogique sans se soucier de savoir si vous partagez leur vision.

Ainsi, de multiples dangers vous guettent, même lors de cette pause légale, dont vous devez avoir connaissance pour apprendre à vous en prémunir.

Vous vous apercevrez rapidement que certains profs sont incapables de parler d'autre chose que de boulot – et encore, même pas sur le mode anecdotique. Exemples :

« Dis, j'ai vu que tu avais les 5e B de dix à onze. Tu pourrais leur distribuer un poly, j'ai pas pu le faire hier, la photocopieuse était en panne... Merci, hein ! »

« Salut. Dis, j'suis embêté. J'ai mis une retenue à Thibaut Letruc, juste une heure, tu vois, seulement j'sais pas quand le faire venir, il a jamais cours quand j'suis là. Tu crois que tu pourrais le prendre lundi prochain de quatre à cinq ? Il finit à quatre heures. Tu t'inquiètes pas pour le boulot, je lui filerai un poly d'exos... Merci, hein ! »

Mais ça peut être pire encore, notamment si vous avez l'honneur d'être Professeur principal d'une classe difficile. Certains collègues décréteront dès lors que votre fonction équivaut à celle de géniteur de la division en question et qu'à ce titre il est de votre devoir de résoudre tous les problèmes qu'eux pourraient rencontrer avec vos élèves – qui sont aussi les leurs, mais c'est vous le P. P. [1], alors...

« Dis, j'ai encore dû mettre un avertissement à Nicolas Bouchetrolles. Quelle tige, celui-là ! Pas moyen de rester assis pendant une heure sans jouer avec son compas ou sa règle ! Tu pourrais pas lui remonter un peu les bretelles ? Comme t'es son P. P., il t'écoutera peut-être... »

1. P. P. : Professeur principal. Enseignant naïf qui croit jouir auprès de ses élèves d'une cote de popularité supérieure à la moyenne en raison de son statut particulier.

« Putain, font chier, les 5e B ! Tiennent pas en place ! Et Bouchetrolles, c'est le pompon ! Il se fout vraiment du monde ! Faudrait peut-être que tu convoques les parents pour mettre les choses au point, parce qu'on va pas supporter ça toute l'année, quand même !... »

Vous aurez peut-être remarqué, si vous êtes perspicace, que ces profs-là ne vous remercient pas du service qu'ils espèrent que vous allez leur rendre, qu'ils *exigent* que vous leur rendiez. Puisque vous êtes le P. P., ils estiment normal que vous régliez pour eux des problèmes que vous-même n'avez pas avec les classes ou les élèves en question. Vous êtes le P. P., vous touchez l'indemnité afférente à la charge qu'on vous a confiée et il est donc naturel que vous mouilliez pour ainsi dire la chemise.

Au bout de quelques mois dans le collège, vous vous rendrez sans doute compte que ces virulents collègues ont souvent des difficultés avec toutes leurs classes, même les plus dociles. Vous apprendrez à les écouter calmement – quoique votre cappuccino soit en train de refroidir et votre convoité(e) collègue de s'éloigner vers un autre groupe – et leur conseillerez bientôt de s'occuper dudit problème eux-mêmes. Après tout, ils ont fait des études supérieures et savent donc se servir d'un téléphone, et s'ils connaissent des tracas liés à leur manque d'autorité, ce n'est pas en déléguant cette dernière au Professeur principal qu'ils résoudront le problème. Évidemment, il faudra vous montrer habile, éviter d'être cassant. Prenez l'air soucieux lorsqu'ils vous font état de leurs griefs. Compatissez, mais en aucun cas ne laissez entendre que, d'accord, vous allez téléphoner ou souffler dans les bronches du petit Bouchetrolles.

Ne nous méprenons pas. Il ne s'agit pas ici de se laver les mains des difficultés d'un collègue. Mais si, après consultation d'autres profs plus anciens que vous dans la maison, il s'avère que « c'est pas étonnant, Régnier se fait toujours "bordeller", alors... », faites-vous une raison : même en intervenant auprès de Bouchetrolles ou de ses parents, vous ne régleriez pas les difficultés de Régnier.

Dernière nuisance possible : la concertation improvisée. Les enseignants d'une même matière sont censés se concerter régulièrement au cours de l'année scolaire afin d'établir une progression commune dans le programme ou de mettre sur pied les contrôles communs qui, plusieurs fois par an, doivent permettre à chaque élève de mieux se situer par rapport aux élèves des autres divisions d'un même niveau. En réalité, la concertation est un peu l'Arlésienne du Paysage Collégien Français : tout le monde en a entendu parler, certains même aspirent à la connaître, mais peu de gens l'ont réellement rencontrée.

Les choses se passent généralement de la façon suivante : en salle des profs, au cours de la récréation (vous n'avez décidément pas de veine, vous !), devant la machine à café ou entre deux portes, lors d'un intercours.

Dans la plupart des cas, c'est un Ancien qui prend l'initiative et se déplace de salle en salle à la rencontre de ses collègues. S'il a cours à ce moment là, ce n'est pas un problème : il aura donné un travail écrit à ses élèves ou leur aura conseillé de bien réviser leur leçon (en usant du classique « Et je veux entendre une mouche voler ! », même en décembre...), car une interro surprise pourrait bien leur tomber dessus d'ici quelques minutes, mes gaillards, juste pour voir si vous avez appris...

Bon, d'accord. Admettons, vous dites-vous. Mais pourquoi gâcher la trop courte récréation par ce genre de réunion bâclée ? Parce que ! Parce que personne n'a envie de rester au bahut au-delà du temps imposé par l'emploi du temps et qu'il n'est pas question de revenir alors qu'on n'a pas cours de l'après-midi (« C'est vrai, on peut très bien avoir pris rendez-vous chez un spécialiste il y a huit mois et pas possible de changer... »). Sans parler de ceux qui se veulent indépendants et refusent de jouer le jeu, de rentrer dans le moule, parce qu'ils ont leur personnalité, leur propre progression (et surtout ils veulent qu'on leur foute la paix).

Quand enfin vous aurez répondu avec le professionnalisme naissant qui déjà vous caractérise à toutes ces sollicitations, il vous restera une petite minute pour converser avec votre convoité(e) collègue. Hélas, l'intéressé(e) aura probablement déjà terminé son cappuccino et il ne vous restera plus qu'à reporter vos travaux d'approche lors de la prochaine pause. Décidément, c'est dur d'être prof...

11

Le cahier de textes

Complément du cahier d'appel qui est présenté au prof au début de chaque heure de cours, le cahier de textes de la classe est un gros cahier dans lequel le prof est censé consigner au fur et à mesure de l'année le contenu de ses heures d'enseignement. Il est théoriquement prévu pour que des élèves ayant été absents puissent rapidement se mettre à jour après avoir consulté cette bible. Par ailleurs, il doit pouvoir être consulté aussi par l'I.P.R. [1], si jamais il venait à l'idée de ce dernier de venir vous inspecter, c'est vrai, cela fait longtemps qu'il ne vous a pas vu – et en plus, il paraît qu'on mange bien dans la cantine de votre collège.

En réalité, le cahier de textes de la classe est en voie de disparition et ce pour des raisons multiples et variées.

D'abord, les progrès de la technologie tendent à le rendre obsolète : de plus en plus de collèges commencent à se doter de cahiers de textes virtuels, par le biais de

1. I.P.R. : Grand Muphti chargé, entre autres, de s'assurer périodiquement de la bonne mise en œuvre des Enseignements Sacrés du Glorieux Livre des Rites Pédagogiques.

logiciels qui permettent aux profs d'y consigner le contenu de leurs cours, mais aussi aux élèves de les consulter.

Néanmoins, de nombreux établissements ont encore recours à ces superbes cahiers brochés qui donnent envie à chaque prof de prendre sa plus belle plume et de narrer par le menu, avec force pleins et déliés, les aventures trépidantes que vivent les collégiens qui ont la chance d'assister à ses spectacles, pardon, ses cours. Le phénomène est tout à fait logique. Septembre venu, le collégien veut un nouveau cartable, une nouvelle trousse, aux couleurs chatoyantes, objets de plaisir qui doivent lui (re)donner le goût de la chose scolaire et lui faire oublier, le cas échéant, les échecs passés. Septembre, c'est le printemps du collège, le temps de la renaissance, de l'espoir retrouvé. Y compris pour les profs.

Ces derniers ont passé les derniers jours d'août à peaufiner leurs cours, renouveler certaines de leurs préparations, chercher les documents les plus à même de (re)motiver leurs élèves. Ils ont fait l'acquisition d'un cahier de notes ou carnet de bord encore immaculé, qu'aucune mauvaise note attribuée dans la douleur n'est encore venue souiller. Tout espoir est encore permis. On y croit. On sent que cette année peut être différente. Fertile en succès, même, soyons fous !

Le cahier de textes de la classe dans tout ça ? C'est la même chose. En ce début d'année, le prof s'évertue à le remplir « en temps réel ». Il met un point d'honneur, lorsque se profile la fin de son cours, à noircir ces pages au grain si doux, si lisse. Il souligne et encadre, colle polycopiés et contrôles, indique le travail à faire et la date pour laquelle ce dernier doit être présenté. Il ne peut que se féliciter de tant de conscience professionnelle...

Et puis survient le drame. Ou plutôt l'accumulation de travail : des contrôles dans toutes les classes, plus ou moins complexes à corriger, des réunions diverses qui grignotent le temps normalement imparti à la préparation des cours, des problèmes disciplinaires à résoudre – punitions à ramasser et corriger, avertissements et retenues sur lesquels il faut vérifier la signature parentale, coups de téléphone à des parents dépassés... Résultat : le prof débordé prend du retard dans la tenue de ces cahiers.

Son sérieux l'incite alors à se fixer des contraintes pour les remplir (« Allez, je finis à quinze heures le lundi, je reste jusqu'à seize et je me mets à jour. En une heure, ce sera torché... »).

C'est compter sans la concurrence des collègues qui sont dans le même cas que lui et qui se sont déjà emparés du cahier de textes convoité. Ou la présence le lundi de quinze à seize de tel ou telle collègue sympathique, avec qui le prof en retard se laisse aller à bavarder, pour se rendre compte finalement qu'il n'a pas avancé dans son travail... et que ce n'est pas d'une heure qu'il aura besoin la prochaine fois, mais de deux !

Bref, dès les vacances de Toussaint, certains ont pris un retard tel que la tâche leur paraît d'ores et déjà insurmontable. Il faut pourtant s'accrocher car personne n'est à l'abri d'une Inspection surprise de l'I.P.R. et, alors, il faudra bien lui présenter le cahier de textes – et celui-ci ferait mieux d'être à jour.

Par ailleurs, l'équipe de direction profite généralement des périodes de vacances pour « viser » ces cahiers. C'est-à-dire que vous découvrez, à votre retour de congé, un petit tampon du collège indiquant que le Principal ou son Adjoint est passé par là. Il est fort peu probable qu'ils aient passé au peigne fin le contenu pédagogique de ce que vous y avez consigné – en fait, c'est peut-être même la secrétaire qui a apposé, d'un geste automatique, les tampons sur la dernière page que vous avez noircie –, mais la présence d'un tel cachet doit maintenir vos sens en éveil et vous inciter à ne pas relâcher vos efforts quand la tentation sera forte de tout laisser choir.

Vous rejoindriez alors la cohorte des profs démissionnaires qui dénigrent le cahier de textes dès que l'occasion se présente. Ils ne sont jamais à court d'arguments lorsqu'il s'agit de minimiser l'importance de ce document de référence. Il faut reconnaître qu'ils n'ont pas toujours tort. Conçu pour les élèves, le cahier de textes de la classe ne peut quasiment jamais être consulté par eux. En effet, soit ils sont en cours et sont priés d'écouter ce qui s'y dit, soit leur calvaire quotidien est arrivé à son terme et le fameux cahier a réintégré son casier – et les élèves leur domicile sans doute !...

12

La photocopieuse

Officiellement, le Principal est l'élément qui se trouve au sommet de la pyramide hiérarchique des personnels du collège. En réalité, il n'en est rien. Le véritable chef d'établissement, celui qui guide l'ensemble des personnels, profs et administratifs surtout, c'est la photocopieuse. Ce monstre de métal, sous une allure débonnaire et *a priori* inoffensive, peut faire capoter à lui seul les ambitieux projets éducatifs pondus au Ministère, dont l'application doit être assurée au quotidien dans votre collège. Sans elle, plus rien ne marche.

Pour le citoyen moyen, qui ne connaît pas grand-chose au fonctionnement interne des établissements scolaires, un prof a besoin pour travailler, des élèves – fournis par les parents –, d'une salle de classe – également fournie par les parents, puisqu'ils paient des impôts –, d'un tableau noir et, bien sûr, d'un manuel. Voilà, c'est facile d'être prof. Sauf que ce n'est pas aussi simple. Chaque prof doit passer de nombreuses heures à mettre sur pied des documents nommés polycopiés, qui sont distribués aux élèves afin de les faire travailler sur les notions étudiées en classe et de vérifier ensuite l'acquisition des connaissances.

Heureusement, l'Éducation nationale a tout prévu en matière de reprographie, comme on dit maintenant. Mais un peu d'histoire, si vous le voulez bien.

Avant l'avènement de la déesse Photocopieuse régnaient le papier carbone et la « ronéo ». Vous n'avez pas connu et c'est tant mieux. Il s'agissait d'un cylindre de métal encastré dans un carénage, et sur le périmètre duquel il fallait insérer – dans une longue fente prévue à cet effet – l'extrémité de la feuille de papier carbone reproduisant – en négatif – le document que vous aviez laborieusement rédigé ou, pour les anciens profs les plus fortunés, tapé à la machine. Une fois cette opération réussie, il fallait s'assurer que le réservoir de l'appareil contenait assez de cet alcool à l'odeur si particulière – véritable madeleine proustienne pour quelques collègues – indispensable à la bonne reproduction de votre document. Enfin, il restait à actionner la manivelle située sur le côté de la machine afin de permettre au cylindre d'effectuer le nombre de rotations correspondant au nombre d'exemplaires souhaités par le prof au biceps hypertrophié, qui transpirait sous le regard impatient de collègues avides de pratiquer à leur tour leur exercice de musculation quotidien.

Je vous parle d'un temps que les moins de quarante ans ne peuvent pas connaître, où les profs étaient costauds, hommes et femmes indifféremment, à force de tourner, plusieurs fois par semaine, l'infernal vilebrequin dont le maniement était indispensable au bon déroulement de leurs cours. D'ailleurs, de nombreux élèves cédaient eux aussi au charme du poly fraîchement imprimé et reniflaient à pleines narines ces feuilles légèrement humides distribuées par l'enseignant encore hors d'haleine.

Évidemment, la méthode comportait certains risques pour le prof des années soixante à quatre-vingt : la feuille de papier carbone tachait facilement les doigts. Il suffisait alors qu'une démangeaison subite de la joue vous pousse à la gratter de votre index et votre autorité chancelait dès votre retour en classe. À peine aviez-vous fait un pas dans la salle que vous provoquiez l'hilarité des élèves ayant repéré la tache sur votre visage pâle. Bien sûr, rétablir le calme ne demandait que quelques secondes et autant de punitions assénées rapidement et à l'aveuglette – « Efficacité avant tout ! », et les parents de l'époque n'entamaient pas une action en justice en cas de punition injustement récoltée. Vous pouviez ensuite (re)mettre vos élèves au travail – en profitant discrètement du reflet dans la vitre pour faire disparaître de votre joue la trace honnie qui vous avait valu le fou rire des petits morveux.

Mais revenons à la photocopieuse. La machine à alcool a depuis longtemps disparu mais son esprit maléfique veille encore sous la coque de résine beige qui a désormais investi les collèges de France et de Navarre. Les profs lui vouent un véritable culte, ressentent une passion inavouable pour le mystère qui émane d'elle. Quelle que soit leur personnalité, ils se regroupent autour de ce cube étrange, tels ces animaux de la savane qui, au petit matin, se relaient autour de l'unique point d'eau, oublieux des antagonismes passés, simplement avides de se rassasier à l'aube d'une harassante journée qui, peut-être, les verra s'affronter pour leur survie respective. Le matin, peu avant huit heures, ils s'y regroupent, dans un presque silence d'où sourd un respect profond, autour de cette machine dont dépend leur travail. Prédateurs ou proies, fauves ou antilopes, ils s'y regroupent en bonne intelligence. En dépit de l'heure matinale et des bâillements intempestifs, les conversations s'engagent :

— Bonjour, ça va ?... T'en as beaucoup à faire ?

— Salut. Non, non. Encore une série et c'est bon...

N'est-il pas merveilleux de voir ainsi des individus qui ne s'adresseraient pas la parole s'ils se croisaient dans la salle des profs communiquer aussi amicalement dès potron-minet ? C'est le miracle de la photocopieuse qui s'opère chaque matin, à la lueur blafarde de ces néons qui tentent tant bien que mal d'éloigner l'obscurité glaciale qui règne encore de l'autre côté des vitres du sanctuaire où opère le dieu Rank Xerox (ou Toshiba, ou toute autre marque *ad hoc*).

Attention toutefois. Ne tombez pas dans la béatitude une fois franchi le seuil de ce local sacré. Il faudra à tout moment faire preuve de vigilance alors que vous attendrez humblement que vienne votre tour de communier avec la Toute-Puissante Machine. À défaut, vous risquez de vous faire, comme à la machine à café, griller votre place par un – ou plusieurs – collègues perfides, ou tout simplement incapables de maîtriser leur addiction à ce culte singulier.

Ils useront des stratagèmes les plus élaborés ou les plus risibles pour tenter de vous voler votre place dans la file d'attente. Méfiez-vous ! Leur travail de sape commence généralement par une approche à pas feutrés derrière ceux qui font la queue. La technique consiste alors à ignorer les collègues qui attendent patiemment et engager un embryon de conversation avec l'utilisateur en cours, du style :

« Excuse-moi, t'en as beaucoup à faire ?... Ah ouais !... Parce que j'ai cours, là. J'ai juste une série à faire, j'avais oublié les 4e 8, c'est bête, je sais... OK, super-sympa ! »

« Salut. Ça te dérange si je fais une série ? C'est un poly que j'ai préparé ce week-end, je pouvais pas le faire avant, tu te doutes bien... Oui, oui, j'en ai besoin tout de suite... OK, merci. Super-sympa. ! »

« Salut, ça va ? Dis, tu permets que j'en fasse juste huit ? Je comprends pas, je pensais avoir le compte, mais non... Et j'ai cours, là. J'en ai pas pour longtemps, t'inquiète pas... » (Celui-là est le pire. Sous prétexte de compléter une série, il en profite fréquemment pour effectuer un nombre bien supérieur de photocopies, à votre nez et à votre barbe.)

Parfois, en réaction peut-être à ces fourbes comportements, la divinité s'ébranle et décide de mettre un terme à cette flagrante injustice. Alors que votre chafouin collègue vient d'appuyer sur le bouton vert lançant la copie, un grincement interne à la machine se fait tout à coup entendre, suivi immédiatement d'un bip-bip-bip suraigu, puis c'est de nouveau le silence, à peine troublé par le ronronnement du ventilateur qui seul veille encore à la bonne aération des circuits internes de la bête. Vous voilà confronté à ce cataclysme qui fait pousser des hauts cris et s'arracher les cheveux à nombre de profs : le bourrage.

« C'est pas vrai ! Merde, fait chier ! Et il fallait que ça m'arrive maintenant ! Y en a marre de cette machine à la con !... »

C'est le moment de prendre une douce revanche sur le sournois individu qui a profité de votre jeunesse pour passer avant vous. Prenez tout d'abord un air affecté

– après tout, vous aussi deviez effectuer quelques photocopies (même si vous êtes mieux organisé et n'aurez besoin des vôtres que dans deux jours.) et ce bourrage ne tombe pas à pic.

Articulez l'évidence avec un « Qu'est-ce qui se passe ? Un bourrage ?... » qui aura le don d'énerver davantage encore l'odieux personnage. En effet, vous avez été témoin de la scène. Vous savez que c'est lui qui a provoqué l'incident – même si la volonté propre de la photocopieuse n'y était pas étrangère. C'est donc à lui que revient la tâche de prévenir les services de l'intendance, pour que le réparateur soit contacté au plus vite, afin de ne pas trop pénaliser la collectivité. Déjà que l'enseignant en question était en retard, devoir se rendre à l'autre bout du collège pour signaler la panne ne va pas le mettre en avance. Tant pis pour lui !

En revanche, il arrive parfois que le bourrage survienne alors que l'enseignant est seul. Sachez que, dans ce cas, la plupart de vos collègues seront trop lâches ou paresseux pour notifier le problème, et fuiront sans demander leur reste. Ils se verront seulement trahis lorsqu'un prof un peu bricoleur aura ouvert les entrailles de la machine afin de retirer délicatement et sans se brûler la feuille froissée à l'origine de l'incident. Pour découvrir un poly d'exercices de maths, par exemple. Indice trop flou néanmoins pour identifier le coupable qui s'en sortira donc à bon compte.

Quelquefois, l'incident est plus sérieux et se voit promu au titre de panne. On requiert donc le réparateur qui, de toute façon, ne peut pas venir avant au moins deux jours – les occasions d'exercer un peu de pouvoir sont suffisamment rares pour en profiter lorsqu'elles se présentent. Dans l'intervalle, la salle des profs est en ébullition. Certains craquent, comme le ferait un junkie à qui le dealer aurait refusé de vendre une dose. On s'organise comme on peut, la Direction met sa propre photocopieuse à disposition des profs, exceptionnellement et avec modération, messieurs-dames, s'il vous plaît. Enfin, trois jours plus tard, le réparateur fait son apparition, un sourire narquois au coin des lèvres, sous le regard fiévreux de quelques profs en manque qui l'observent ouvrir le ventre de la bête, donner un coup de tournevis ou deux à l'intérieur, avant de refermer nonchalamment, et sans un mot d'explication, la porte frontale. Ça y est, c'est réparé. Les profs présents n'ont rien compris mais se sentent obligés, afin de ne pas perdre complètement la face – après tout, ils ont beaucoup de diplômes, sûrement plus que le réparateur – de s'informer sur l'origine de ladite panne. De *comprendre*. Déformation professionnelle assurément. La plupart du temps, ils écouteront en pure perte les explications sibyllines grommelées par le réparateur et s'en retourneront en salle des profs en hochant la tête sur un ultime « Ah, d'accord... Bon, j'espère que ça va marcher maintenant... ». Mais en s'abstenant de procéder, devant ledit réparateur, au premier test de reproduction. Au cas où il aurait le mauvais œil...

13

Sigles

Maîtrisez-vous le langage des sigles ? Si vous comprenez le texte ci-dessous, pas de souci ; vous êtes un membre à part entière de ce corps merveilleux des enseignants du second degré. Sinon, reportez-vous au décryptage que vous trouverez un peu plus bas. Mais il est grand temps de réviser vos connaissances en matière de sigles et abréviations !

C'est parti !

« Est-ce qu'un prof de S.V.T. en C.P.A. qui passe presque toutes ses journées sur un p.c. du C.D.I. parce qu'il n'est plus capable de s'occuper correctement de ses élèves doit encore toucher l'intégralité de ses I.S.O. sans qu'on trouve rien à y redire, ou bien faut-il avertir l'I.P.R., voire l'I. A. – en tout cas le T.P.G. ?

On lui ferait bien faire quelques I.D.D. pour qu'il ne nuise pas trop à la scolarité des gamins, mais ce sont des H.S.E., il n'acceptera jamais, lui qui ne veut que des H.S.A. En plus, au C.A., les parents risquent de faire des vagues.

Ce qui est plus ennuyeux, c'est que, du coup, le manque de respect de certains élèves se porte désormais aussi sur les T.O.S.S. et les O.E.A., il faut faire quelque chose ! Le collège a beau être en R.E.P., on ne peut pas tout accepter !...

Le C.P.E. aussi en a plein les bottes. En plus de s'occuper du F.S.E., il doit sans arrêt intervenir dans les cours de l'autre. Alors, que ce prof fasse preuve d'un peu d'autorité !

Ou alors, il faut l'envoyer se reposer deux semaines dans un centre M.G.E.N.... »

C.Q.F.D.

Rien compris ? Éclairons donc cette lanterne à la lueur chancelante. Que le texte qui suit soit un phare dans la nuit, chaque sigle décrypté un petit caillou blanc, semé dans la jungle métalangagière qui vous entoure et voudrait vous étouffer. Sus aux migraines dues à l'excès de sigles ! Petit Poucet vous fûtes, mais prof au fait vous serez désormais grâce à nous.

C'est reparti !

« Est-ce qu'un prof de Sciences de la Vie et de la Terre en Cessation Progressive d'Activité qui passe presque toutes ses journées sur un *personal computer* du Centre de Documentation et d'Information parce qu'il n'est plus capable de s'occuper correctement de ses élèves doit encore toucher l'intégralité de son Indemnité de Suivi et d'Orientation sans qu'on trouve rien à y redire, ou bien faut-il avertir l'Inspecteur Pédagogique Régional, voire l'Inspecteur d'Académie – en tout cas le Trésorier Payeur Général ?

On lui ferait bien faire quelques Itinéraires De Découverte[1] pour qu'il ne nuise pas trop à la scolarité

---

1. I.D.D. : Sorte de parcours du combattant pour le prof qui doit fournir, pour les Portes ouvertes du mois de juin,

des gamins, mais ce sont des Heures Supplémentaires Effectives, il n'acceptera jamais, lui qui ne veut que des Heures Supplémentaires Année. En plus, au Conseil d'Administration, les parents risquent de faire des vagues.

Ce qui est plus ennuyeux, c'est que, du coup, le manque de respect de certains élèves se porte désormais aussi sur les personnels Techniques, Ouvriers, de Service et de Santé et les Ouvriers d'Entretien et d'Accueil, il faut faire quelque chose ! Le collège a beau être en Réseau d'Éducation Prioritaire, on ne peut pas tout accepter !...

Le Conseiller Principal d'Éducation aussi en a plein les bottes. En plus de s'occuper du Foyer Socio-Éducatif, il doit sans arrêt intervenir dans les cours de l'autre. Alors, que ce prof fasse preuve d'un peu d'autorité !

Ou alors, il faut l'envoyer se reposer deux semaines dans un centre Mutuelle Générale de l'Éducation Nationale... »

C.Q.F.D.

---

des travaux en trois dimensions réalisés par des élèves qui ne saisissent pas trop en quoi le dispositif est différent des cours d'arts plastiques.

14

Les réunions parents-profs

Deux à trois fois par an, selon les établissements, ont lieu des rencontres entre parents et enseignants, organisées par le collège à une date précise et selon un rituel bien défini.

Les profs sont bien évidemment invités à y assister. C'est même obligatoire. Bien entendu, certains collègues, vous le constaterez, se dispenseront de cette tâche, la plupart du temps sans en informer leur hiérarchie, avec le secret espoir que, dans la masse des profs répartis dans les nombreuses salles de classe réquisitionnées pour l'occasion, on ne remarquera pas leur absence.

Sans vouloir leur trouver d'excuses, il s'agit généralement d'enseignants qui vivent ces réunions comme un véritable traumatisme. En effet, quoi de plus frustrant que de voir les gens se presser à la porte de la salle que vous partagez ce soir-là avec votre collègue de français, par exemple, et vous ignorer superbement lorsque vient leur tour de pénétrer dans ce lieu pétri de solennité – et joliment décoré des divers travaux réalisés par les élèves, leurs enfants ?

Les enseignants de certaines matières sont plus sujets que d'autres au chômage technique les soirs de réunion parents-profs. Les profs d'E.P.S. [1], de technologie, d'éducation musicale ou d'arts plastiques, par exemple, s'ennuient très souvent à cent sous de l'heure. Impuissants, ils en sont réduits à contempler en silence le défilé des parents qui viennent s'enquérir des progrès ou des problèmes de leur progéniture en maths, en espagnol ou en histoire-géographie. Alors, ils essaient de se donner une contenance : ils sourient bêtement aux parents dont le tour est venu de s'asseoir ou feignent d'être absorbés par l'étude d'un quelconque document à l'apparence pédagogique. Le mieux en cas de chômage technique étant néanmoins de disposer d'un épais paquet de copies – en cours de correction bien sûr – posé bien en évidence devant soi, qui démontrera aux parents qu'on a tellement de travail qu'il n'y a pas une minute à perdre entre deux entrevues, parce qu'on croule véritablement sous le boulot dans ce métier. Bon, pour les profs d'E.P.S., c'est impossible, évidemment : ils ne corrigent jamais de copies. Et on imagine assez mal le prof d'arts plastiques amasser les volumineux travaux d'élèves autour de lui dans la salle qu'il occupe pour un soir. En outre, des parents peu au fait des dernières instructions pédagogiques en vigueur pour cette matière pourraient se poser des questions sur la manière dont cet enseignant occupe leurs enfants.

Dans le monde de l'enseignement, tout le monde n'est donc pas égal face à la réunion parents-profs. Si par hasard vous qui lisez ces lignes enseignez précisément une des matières citées plus haut, réjouissez-vous cependant : vous serez les premiers à rejoindre vos pénates !

1. E.P.S. : Éducation Physique et Sportive.

En effet, ce genre de réunion se tient normalement de la fin des cours de l'après-midi (vers dix-sept heures) jusqu'à dix-neuf heures. Enfin, théoriquement. Dans la pratique, ces collègues que vous jalousez pendant deux heures et qui reçoivent parent sur parent pendant que vous comptez virtuellement les mouches termineront bien après que vous aurez rejoint le confort de votre canapé. Peut-être serez-vous allé directement faire votre tennis hebdomadaire, alors qu'ils seront encore vissés à leur chaise. Vous siroterez peut-être votre apéritif vespéral quand ils consulteront désespérément – mais discrètement tout de même – leur montre, en se demandant combien de parents attendent encore dans le couloir. Vous terminerez peut-être votre repas quand le collègue de français, que vous détestez parce qu'il vous méprise, se lèvera enfin de son siège d'infortune, la vessie prête à exploser, pour se précipiter sans bruit – de peur qu'un parent isolé ne surgisse d'un recoin sombre pour venir lui parler – vers la glacière du parking et sa voiture frigorifiée sous la lune...

Certaines précautions doivent être prises par l'enseignant sur le point d'entamer le marathon de la réunion parents-profs. Nous venons de l'évoquer, la soirée peut être longue. Aussi ne négligez pas un passage aux toilettes avant de rejoindre votre salle, il vous sera difficile ensuite de la quitter devant les parents médusés de tant d'aplomb. (« Ben, y va où comme ça ? – Y va quand même pas se prendre un café, alors que nous, on attend debout dans le couloir depuis des heures ?!! – De toute façon, y s'en foutent, y sont payés, alors... »)

Vous devrez malheureusement les laisser à leur perplexité, voire à leur colère, à moins que vous ne soyez particulièrement sûr de vous et prêt à claironner à qui veut l'entendre :

— Excusez-moi, messieurs-dames, je dois vous laisser quelques instants. Mère Nature appelle et je ne saurais laisser cet appel sans réponse. Je ne serai pas long.

D'une part, il est fort peu probable que quiconque parmi vos collègues ose s'abaisser à tant de trivialité. D'autre part, une telle franchise ne ferait que semer la confusion chez les parents interdits.

— Qu'est-ce qu'il a dit ?

— J'sais pas, il a parlé d'appeler sa mère, je crois...

— Vraiment !... Comme si c'était le moment. En plus, les portables sont interdits au collège. Les profs feraient bien de montrer l'exemple !

— Faut pas rêver...

Donc, l'après-midi promet de s'éterniser dans le début de la soirée – et plus si affinités. Vous avez eu cours toute la journée – sept heures, c'est votre « grosse journée » – et n'avez pas mangé depuis ce midi, hormis la barre de céréales avalée en vitesse en faisant la queue à la machine à café, lors de la récréation de quinze heures. Et vous êtes sur le point d'enfiler une vingtaine, peut-être une trentaine, de tête-à-tête avec des parents d'élèves. À cette heure de la journée, vous en avez plein les bottes. Et vous avez déjà faim !

Par conséquent, il est impératif de vous munir de diverses pastilles ou sucreries mentholées dont la fonction première est de rafraîchir l'haleine – comme disent pudiquement les publicitaires. À défaut, vous risquez de gagner très vite la réputation d'un individu qu'il vaut mieux ne pas approcher à moins de cent mètres, sous peine de syncope foudroyante due aux émanations fétides accompagnant chacune de vos paroles.

Ne tombez pas pour autant dans l'excès inverse consistant à ponctuer les entretiens de l'ingestion de force biscuits, gâteaux ou viennoiseries. Là non plus, il n'est pas sûr que le *vulgum pecus* qui, lui aussi, commence à avoir les crocs apprécie.

Tenez-vous en donc aux pastilles et profitez des quelques secondes de répit que vous donne le relais entre deux parents pour discrètement en gober une. Évitez, en revanche, le chewing-gum, qui pourrait susciter l'émoi de certains :

— C'est quoi ce prof qui mâche du chewing-gum en plein rendez-vous ? Alors que les chewing-gums sont interdits par le règlement du collège. Je le sais, Maxime vient de se prendre deux heures de colle pour ça, hier...

— Les profs feraient bien de montrer l'exemple !...

— Faut pas rêver.

La rencontre parents-profs est donc un moment clé qui permet aux différents protagonistes, parents et enseignants, de se jauger, avec la méfiance qui caractérise les peuples qui se connaissent peu.

Vous devez avoir l'air engageant, après tout, ces gens se sont déplacés, la moindre des choses est de les accueillir avec le sourire – mais pas niais. Ne soyez pas non plus naïf : certains se sont déplacés uniquement pour voir à quoi ressemble le crétin qui martyrise leur fils à coups de mauvaises notes. Voire pour régler des comptes. Ne vous étonnez pas si une mère d'élève vêtue d'une veste en faux léopard vous demande rageusement : « Mais vous comptez faire quoi pour motiver ma fille ?

C'est vrai, ça peut plus durer comme ça ! Faut que les notes remontent, hein !... »

Ce moment privilégié de l'année doit néanmoins être utile, porteur de fruits qui pourront être cueillis dans les semaines à venir, signes précurseurs d'un avenir scolaire enfin radieux pour celui qui n'était qu'une tige en septembre. Aussi devrez-vous souvent être à même de proposer des solutions aux difficultés des uns et des autres. Vous serez parfois amené à jouer les assistantes sociales lorsque tel parent vous narrera par le menu ses problèmes de divorce ou les difficultés liées à son récent licenciement. Vous aurez beau jeter des coups d'œil inquiets vers la porte de la salle en imaginant la file d'attente qui se gonfle inexorablement de parents de plus en plus impatients, il vous faudra demeurer à l'écoute de ces gens en détresse. Et trouver les mots justes. Être efficace et rapide – sans vous montrer expéditif. Sacré défi !

Mais la plupart du temps, vous constaterez que seuls les parents dont les enfants ne connaissent pas de problèmes trop importants se déplacent effectivement. Les autres, ceux dont la fille jure comme un charretier, dans les couloirs ou en classe, ceux dont le fils collectionne les heures de retenue pour (absence de) travail ou conduite, vous ne les verrez quasiment jamais. Vous devrez solliciter un rendez-vous et encore, il n'est pas sûr qu'ils se déplaceront pour vos beaux yeux. Ils ont sans doute vécu l'échec scolaire eux-mêmes et ne souhaitent pas replonger dans cet univers qui ne leur rappelle que des mauvais souvenirs. Vous pourrez alors tenter le téléphone – mais vous tomberez généralement sur un répondeur. Inutile de laisser un message, ils ne rappelleront pas.

Ça y est ! Le dernier parent vient de quitter la salle où vous avez passé quatre heures, cloué sur votre inconfortable chaise (à l'inverse des parents qui, les veinards, ont attendu debout dans le couloir). Vous avez épuisé vos derniers Tic Tac à la menthe et avez la bouche pâteuse à force de soliloquer face aux pénitents qui ont défilé devant vous. Votre vessie n'est plus que hurlements et protestations, la digue est sur le point de rompre. Pourtant, il est une dernière chose à ne pas oublier avant de lui céder. Vous avez, en guise de bon accueil, serré trente ou quarante mains aux qualités variables. Calleuses ou douces, sèches ou moites, fermes ou molles, à la propreté irréprochable ou douteuse... Quel que soit l'adjectif, toutes étaient infectées de milliers de germes. Aussi, faites-vous un petit plaisir, le premier d'une soirée pendant laquelle vous oublierez – promettez-le ! – les copies ou les cours à préparer : lavez-vous les mains ! Purifiez-vous et redevenez la personne que vous étiez, il y a douze ou treize heures.

Avant d'être prof.

15

Problèmes techniques

Pour quelqu'un qui n'a jamais été capable de quitter l'école, les occasions sont nombreuses d'illustrer son inadaptation au monde moderne. À cet égard, le prof fait figure de spécialiste. Lui qui voudrait tant incarner la Connaissance, être celui que l'on vient consulter lorsque le doute apparaît, celui qui rassure et apaise… est généralement à côté de la plaque.

Il est parfois difficile pour certains élèves de concevoir que leurs profs puissent avoir une « vraie » vie, à l'extérieur du collège. Qu'ils puissent faire leurs courses, regarder la télé, tondre leur pelouse ou aller aux cabinets comme tout le monde – à l'exception de ceux qui, vivant en appartement, n'ont pas de pelouse à tondre.

Cette tendance est entretenue par une frange ténue de la population enseignante qui persiste à donner d'elle une image caricaturale en adoptant un comportement qui contribue à ridiculiser une corporation qui a pourtant droit au respect. Parce qu'ils n'acceptent pas d'évoluer avec leur temps – et avec leurs élèves – certains s'éloignent, jour après jour, de l'idéal qu'ils aimeraient incarner – et qu'ils ont, peut-être, effectivement symbolisé… trente ans plus tôt. Le monde évolue à une vitesse telle que le prof, comme le citoyen lambda, se doit d'évoluer avec lui. Le précepteur doit être à l'avant-garde, non à la traîne. Sinon, comme le disait un collègue, « c'est la porte ouverte à toutes les fenêtres »...

Or certains paraissent complètement déconnectés de la réalité qui les entoure. Nous avons déjà évoqué les difficultés rencontrées par des enseignants qui, face à la photocopieuse, préfèrent détaler lâchement en cas de bourrage ; ou le risque de se frotter, le jour de la rentrée, à une serrure récalcitrante qui mettra à mal pour toute l'année scolaire leur autorité.

Il faut savoir que le collège est truffé de nombreux pièges similaires, expressions multiples de la technologie moderne, qui n'attendent qu'une chose pour exprimer leur puissance destructrice : qu'un prof dépassé tente de les dompter en présence d'un public d'élèves. Un public cruel, comme l'est celui du cirque qui guette – et espère secrètement – la chute du funambule. Avec le prof en guise d'équilibriste, le justaucorps en moins.

Mais comment trouver des excuses à des profs qui, en ce début de vingt et unième siècle, vous demandent sans rire à quoi sert exactement le petit triangle blanc que l'on trouve sur la télécommande du magnétoscope de leur salle, mais si ! celui juste à côté du carré de la même couleur ? (Ils vous avaient déjà posé la même question il y a un an, et vous pensiez, fraîchement débarqué dans l'établissement, qu'il s'agissait d'une sorte de bizutage et aviez aimablement expliqué le fonctionnement de chacune des touches de la zappette – en pure perte apparemment.)

Pourtant, cette femme à la cinquantaine bien entamée et aux cheveux blancs coupés court (pour faire plus moderne) a autrefois maîtrisé des appareils autrement plus intimidants que ce pauvre magnétoscope.

Vous n'étiez sans doute même pas né lorsque la vieille prof d'anglais dont vous vous moquez désormais sous cape prodiguait ses cours avec toute la dextérité requise par la multiplicité des supports qu'elle utilisait alors. Le jeune prof de langue que vous êtes travaille peut-être avec un appareil qui lui permet de lire indifféremment CD et DVD. Même les cassettes audio sont pour vous un vestige du passé, au même titre que les vieux disques vinyle que votre mélomane de père écoute encore parfois, avec une pointe de nostalgie que vous ne comprenez pas. Aujourd'hui, pour vous comme pour vos élèves, tout doit être rapide, facile d'accès. Et tout va trop vite pour votre collègue aux cheveux blancs – appelons-la Monique.

Mais auriez-vous été capable de vous démultiplier comme le faisait Monique, afin de rendre votre cours de langue le plus vivant possible, il y a trente ans de cela ?

« Mais contre quoi Monique devait-elle donc se battre ? » vous demandez-vous à court de patience – le mal moderne.

Souvenons-nous ensemble.

Bien avant le début de son cours, Monique devait se rendre dans sa salle pour « caler la bande ». À l'époque, on ne sélectionnait pas simplement une piste de CD pour la passer aux élèves, il fallait anticiper. Prévoir. Et caler la bande, donc.

Les magnétophones d'autrefois étaient de gros parallélépipèdes marron, posés sur des meubles à roulettes – en raison de leur poids qui interdisait à tout prof possédant l'intégralité de ses facultés mentales la manutention excessive de la bête – et utilisaient des bandes magnétiques enroulées autour d'une bobine d'une quinzaine de centimètres de large. Avant de caler la bande, il fallait s'assurer que celle-ci était, à son extrémité, correctement fixée autour de la bobine vide dont était muni le magnétophone. Puis enclencher, à l'aide d'une grosse mannette, la marche avant, sans quitter des yeux le compte-tours dont les chiffres défilaient à une vitesse croissante, à mesure que la bande s'enroulait autour de la bobine vide. Une fois atteint le nombre voulu, Monique devait croiser les doigts pour que la bande ne se déchire pas en raison de la brutalité de l'arrêt de sa rotation simultanée autour des deux bobines. Une fois poussé son soupir de soulagement, la prof d'anglais pouvait s'occuper de la partie visuelle du cours à venir.

C'était la fin des années soixante-dix, les directives ministérielles préconisaient la méthode d'apprentissage audiovisuelle et Monique s'adaptait aux temps modernes. Elle était même une pionnière. Aussi, après la bande audio, se chargeait-elle de la partie visuelle, à savoir le rouleau de celluloïd sur lequel étaient imprimées les images correspondant au dialogue qu'elle allait faire écouter à ses élèves. Comme pour la bande magnétique, il fallait jongler avec ledit rouleau, en l'introduisant avec dextérité dans un projecteur conçu à cet usage exclusif.

Puis venait le moment crucial : le cours lui-même. Après les formalités d'usage – salutations, interrogation, correction d'exercices – commençait la nouvelle leçon, basée sur l'exploitation d'un dialogue accompagné d'images. Livres fermés, les élèves entendaient le dialogue enregistré sur la bande magnétique pendant que Monique s'efforçait de suivre le rythme en tournant frénétiquement les petites poignées du projecteur, afin que les images projetées sur le grand écran blanc soient synchrones avec la partie du dialogue entendue. Tout en suspendant parfois l'écoute de la bande et le défilement du rouleau pour poser des questions de compréhension à ses élèves – et souffler un peu, aussi.

Il va sans dire que, pour Monique, la manipulation était épuisante, à la fois physiquement et nerveusement – elle guettait le moment où, à bout de forces ou par désespoir peut-être, le rouleau de celluloïd se déchirerait et romprait ainsi la belle harmonie de son cours de gymnastique.

Enfin survenait la sonnerie de fin de cours, ce qui laissait cinq petites minutes à Monique pour caler la bande – et le rouleau – du cours suivant, avant que la meute bruyante fasse son entrée dans l'arène.

Le prof inadapté n'échappe pas aux règles de la microsociété dont il fait partie. La théorie d'Herbert Spencer, selon laquelle seuls les plus forts survivent, trouve un écho quelque peu angoissant dans les collèges – et les lycées sans doute. Celui ou celle qui ne sait pas s'adapter aux nouvelles technologies est d'abord considéré – avec amusement – comme un fossile inoffensif, un doux rêveur qu'il convient de ne pas trop ennuyer avec les avancées technologiques encouragées par le Ministère. Puis le fossile inoffensif devient aux yeux de la plupart un frein, un grincheux, un aigri qui refuse de se remettre en question. Un empêcheur de tourner en rond, un bâton dans la roue, un caillou dans la chaussure. *A pain in the neck*, comme dirait la reine d'Angleterre.

Il faut l'éliminer ou, à tout le moins, l'empêcher de nuire, de saper le moral des autres – les jeunes profs notamment – qui essaient de se familiariser avec, ou de rendre populaires, les modernes techniques. Bientôt, on stigmatisera son manque d'investissement et on l'encouragera peut-être, à mots couverts, à poser sa candidature pour une C.P.A qui lui ferait le plus grand bien. (« À lui, on ne sait pas, mais à nous, ça va nous faire un bien fou de ne plus l'entendre râler sur tout ! » osera sans doute un moderniste revanchard, une fois le fossile remisé sur l'étagère poussiéreuse de quelque obscur placard.)

Où que vous exerciez, vous repérerez sans doute rapidement le dinosaure. Celui qui sait que ses jours sont comptés. L'éléphant qui sent le vent tourner et la mort pointer le bout de son hideuse face. Comme le pachyderme d'ailleurs, le vieux prof réfractaire aux modernes technologies commence à s'isoler lorsque se dessine l'hiver de sa carrière. Il se terre dans sa classe pendant les récréations et fréquente de moins en moins la salle des profs.

Il est pourtant aisément reconnaissable. Son comportement le trahit parfois. C'est lui qui n'arrive guère à se familiariser avec le nouveau logiciel de saisie des notes. Chaque fois qu'il s'assied devant l'ordinateur, son regard se trouble. Il jette des coups d'œil alentour afin de s'assurer que personne ne l'observe, ne guette le moment où, comme la fois d'avant, il effectuera la fausse manœuvre consistant à envoyer par erreur toute l'application dans la corbeille de l'ordinateur ou à effacer des données vitales pour la collectivité. Immanquablement, c'est avec lui que plante l'ordinateur et il est obligé alors de recourir à des collègues plus au fait de « toutes ces choses » qu'il abhorre et qu'il doit subir pour trois ou quatre ans encore.

Comme par hasard, c'est lui aussi qui reste coincé à la porte du collège parce qu'il ne parvient pas à appliquer correctement son passe électronique contre le lecteur se trouvant à côté de la grille fermée. Il demeure alors ainsi, bêtement debout à côté de sa voiture, le parking inaccessible, sous la pluie battante, en attendant que le concierge le repère grâce à la caméra de surveillance. Conscient de son inadaptation, il n'ose agiter le bras pour manifester son encombrante présence. Les élèves pourraient l'apercevoir et en profiter la prochaine fois pour le chahuter un peu plus.

Ce collègue – Serge ou Monique – c'est peut-être vous, dans trente ans. Lorsque les technologies modernes de votre fière jeunesse seront devenues obsolètes. Lorsque écrans plats, lecteurs MP3 ou téléphones portables seront devenus risibles, supplantés par d'inédites trouvailles, plus miniatures encore, plus fiables. Comme jadis l'a été le magnétophone à bande de Monique...

Aussi, tendons la main aux Serge et aux Monique de nos collèges. Prenons un peu de temps pour leur parler. Et pour les écouter. Ils sont la mémoire filante de l'Éducation nationale. Ils ont eu leur heure de gloire, ont impressionné leur I.P.R., lorsqu'ils étaient encore dans la fleur de l'âge, par la qualité de leur enseignement. Par sa modernité.

Ne vous croyez pas à l'abri de la sénescence, de la décrépitude. Ce sera le meilleur moyen pour vous d'y échapper. Peut-être.

16

Les bus de transport scolaire

Donc, vous voilà prof. Jeune prof. Vous démarrez dans la vie active et possédez pour seul moyen de transport une vieille guimbarde achetée d'occasion à un particulier qui avait l'air particulièrement heureux de s'en débarrasser. Sur le coup, vous ne compreniez pas pourquoi. Votre compréhension s'est tout à coup affinée, quelques mois plus tard, lorsque vous vous êtes retrouvé en rade sur la bande d'arrêt d'urgence de l'autoroute à la nuit tombée et que le dépanneur venu à votre secours a diagnostiqué froidement : « Ça, c'est le joint de culasse. »

Toujours est-il que, de panne en panne, vous avez finalement dû vous défaire à votre tour de votre première voiture – sans avoir les moyens d'en racheter une dans l'immédiat.

Heureusement, vous pouvez utiliser, pour vous rendre au travail, le bus de transport scolaire. Cela si, bien sûr, vous exercez à la campagne. À Paris et dans quelques grandes villes de France, il existe d'autres moyens de transport qui vous conviendront sans doute davantage.

Mais essayez de prendre les choses avec philosophie. Les bus de transport scolaire que vous allez désormais devoir emprunter constituent un terrain d'étude que vous envieraient nombre de sociologues.

Bien entendu, le trajet jusqu'au collège se fera à vos risques et périls. Vous êtes encore jeune et votre autorité naturelle ne saute pas immédiatement aux yeux des élèves transportés.

Il vous faut prendre conscience d'un paramètre crucial pour votre survie : le car scolaire est un espace de liberté pour les élèves. Le dernier avant l'emprisonnement quotidien ou le premier après avoir été relâchés, ce qui explique des comportements relativement opposés à celui qui est exigé de leur part dans l'enceinte du collège. Vous devez admirer les chauffeurs de ces cars un peu particuliers : ils ont été choisis pour leur immense capacité à maîtriser leurs nerfs en présence de la cinquantaine de petits monstres à qui ils tournent le dos, au mépris de la prudence la plus élémentaire.

Le bus de transport scolaire est un lieu où s'applique la loi de la jungle. L'expression de cette domination des plus forts – des plus vieux, les troisièmes, jusqu'aux plus jeunes, les « nains », les sixièmes – varie selon les âges. Les troisièmes s'octroieront le privilège d'être assis – ou plutôt vautrés, le plus souvent – au fond du bus, afin d'y pratiquer en toute tranquillité leur découverte du sexe opposé. Les âges intermédiaires occuperont le milieu du bus tandis que les petits sixièmes seront cantonnés aux sièges les plus proches de l'avant – sauf s'ils bénéficient de connexions au sein d'un groupe plus âgé ou s'ils enseignent depuis longtemps déjà à l'école de la rue et savent s'imposer par la force.

Dès lors qu'il est occupé par trente à cinquante élèves de onze à quinze ans, le bus de transport scolaire devient tour à tour terrain d'échange (selon les époques : billes, « pogs » ou cartes diverses), de brimade (les cinquièmes sur les sixièmes, etc.) ou simplement de jeu (énerver le chauffeur sans franchir la limite mais avec efficacité quand même, et descendre à son arrêt en le laissant les yeux hagards, au bord de la crise de nerfs).

Mais très vite, la quête de liberté des élèves cherche à s'exprimer par d'autres vecteurs. Les échanges de cartes perdent de leur intérêt, remplacés par ceux des regards, des sourires esquissés ou, lorsque enfin est surmontée la timidité aliénante, des fluides salivaires.

Le prof infortuné qui se retrouve dans ce traquenard ne sait trop quelle attitude adopter. Doit-il encore réagir en tant qu'enseignant dans cet endroit qui n'est plus le collège ? Ou chastement fermer les yeux et les oreilles, et tenter de faire abstraction du baisodrome qui l'entoure ? Le mieux consiste probablement à se hâter de faire l'acquisition d'un véhicule personnel pour éviter d'être quotidiennement confronté à ce spectacle gênant.

Malgré tout, le bus de transport scolaire peut de temps en temps se muer en espace pédagogique. Entendons-nous bien : aucun enseignant délocalisé n'y professe la bonne parole ou les vertus de l'étude des leçons. C'est plutôt qu'avec le temps se met en place une certaine organisation dont les élèves transportés sont les fiers concepteurs. Afin d'éviter les sanctions infligées par ces sales cons de profs, les collégiens se voient contraints de faire preuve de ressources. Aussi certains refilent-ils, gratuitement ou contre service, les exos du jour. D'autres divulguent à ceux qui ne l'ont pas encore fait le sujet du contrôle de géo devant avoir lieu dans la matinée. Tout cela est parfaitement rôdé quelques semaines après la rentrée scolaire. Et le chauffeur n'a pas à s'en plaindre, dont le car retrouve un semblant de calme appréciable.

Certains, une minorité qu'on trouve essentiellement parmi les sixièmes et les cinquièmes, essaient de réviser, seuls ou par deux, en se récitant leurs leçons mutuellement, mais ils sont moins nombreux au fur et à mesure du déroulement de l'année scolaire et ont totalement disparu à la mi-mars.

Le bus de transport scolaire est aussi l'allié involontaire de ces élèves que le collège ne parvient pas à intéresser, en dépit de vos efforts pour rendre vos feux d'artifice pédagogiques encore plus captivants. Régulièrement, ils arrivent en retard dans votre cours, la bouche en cœur ou l'air sincèrement désolé – certains sont bons acteurs. Leur billet de retard à la main, ils vous annoncent d'un ton purement informatif qu'ils ont raté leur bus ou, s'ils possèdent encore plus d'aplomb, que « le bus n'est pas passé ». Carrément. C'est bien connu : un complot fomenté par les transporteurs vise ces élèves qui se sentent déjà exclus du système scolaire. À l'acharnement des profs – qui s'obstinent à leur donner du travail et, même, à les interroger de temps en temps – s'ajoute donc celui des transporteurs qui se liguent avec le monde enseignant pour maintenir ces victimes à l'écart de la Connaissance !...

Vous vous énerverez au début, tancerez les retardataires, leur ferez savoir que vous n'êtes pas dupe. Mais devant le peu de portée de vos colères récurrentes, de vos éventuelles sanctions, vous baisserez sans doute les bras. Et pesterez bientôt davantage contre ces parents qui ne font rien pour que leurs enfants soient au collège à l'heure.

Il faut un brin de philosophie pour durer dans cette carrière étrange. S'efforcer de ne pas brûler son énergie à combattre des moulins cervantesques n'est pas une mince affaire.

Aussi habituez-vous à ces retards. Accueillez-les avec détachement. Tâchez de comprendre pourquoi tel élève en est arrivé là, et adaptez-vous à sa situation afin de lui apporter quelque chose. Vous ne révolutionnerez pas sa vie, ne remédierez sans doute pas à l'échec scolaire qu'il subit depuis deux, trois ans – ou davantage – mais au moins, votre attitude lui montrera que vous ne le méprisez pas. Prenez le temps, un jour, de parler avec lui de sa vie hors du collège et vous verrez alors ses yeux s'emplir d'une lueur absente jusque-là. Il sera d'abord intrigué par votre sollicitude, voire méfiant face à l'intérêt nouveau que vous lui manifestez. À vous alors de gagner sa confiance et de lui faire comprendre qu'il n'a rien à gagner à négliger comme il le fait son avenir. Il faudra choisir vos mots avec le plus grand soin, vous marcherez sur des œufs, mais le jeu en vaut la chandelle.

Ne vous attendez pas, cependant, à ce que l'élève en question fasse preuve de beaucoup plus d'assiduité après votre discours. Simplement, peut-être aurez-vous amorcé un processus de réflexion qui l'amènera à considérer les choses, sa vie, différemment.

Mais ça, vous ne le saurez jamais. Ou alors, si vous avez de la chance, beaucoup de chance, lorsque l'élève devenu adulte, père ou mère de famille peut-être, croisera votre chemin par hasard, vous reconnaîtra, s'avancera vers vous avec l'esquisse d'un sourire et prononcera votre nom en vous saluant la main tendue.

17

Le travail à la maison

Vous faites preuve depuis septembre d'une conscience professionnelle à toute épreuve. Fraîchement diplômé, vous êtes conscient qu'il est nécessaire de contrôler si les savoirs et les savoir-faire que vous tâchez de transmettre à vos élèves ont effectivement franchi la rampe. La question qui vous taraudera l'esprit et vous empêchera de dormir – surtout en cette année d'E.Q.P. [1] – étant : « Y a-t-il ou n'y a-t-il pas eu transfert, *goddammit* ? »

C'est-à-dire, en clair : les élèves ont-ils compris la leçon ? Sont-ils à même de reproduire les schémas grammaticaux, ou de mettre en application les théorèmes que vous leur avez enseignés à la sueur de votre front ? Ont-ils compris et retenu les mécanismes ayant conduit à la

1. E.Q.P. : Examen de Qualification Professionnelle. Visite de l'I.P.R. ou d'un formateur de l'I.U.F.M. à l'issue de laquelle l'épée de Damoclès qui se trouvait au-dessus de votre tête depuis septembre est décrochée car vous intégrez définitivement la profession – ou êtes invité à partir en quête d'un métier correspondant davantage à vos nombreuses qualités, ladite épée étant transmise à d'autres juges.

prise du pouvoir par Hitler ? Ont-ils bien appréhendé le rejet du verbe à la fin de la proposition subordonnée relative ? Ou la différence d'usage entre le prétérit et le *present perfect* ?

Votre travail consiste donc à vérifier le transfert de ces compétences depuis la source – vous, avec l'aide de supports de votre choix – jusqu'à la cible : les petits monstres.

Il y a parfois loin de la coupe aux lèvres et des années-lumière entre la théorie et la pratique. Vous devez donc vous préparer à toutes les éventualités car vos élèves ne manqueront pas de ressources lorsqu'il s'agira de vous expliquer avec des mots simples – ils prennent souvent leurs profs pour des débiles, vous verrez – qu'ils n'ont pas effectué le travail à la maison que vous aviez donné lors du dernier cours.

En début d'année, il faudra faire preuve de mansuétude à l'égard des étourdis. Accordez à vos collégiens une période de réadaptation à la vie scolaire après les deux mois de démobilisation générale – mâtinés d'un soupçon d'ennui vers la fin. À vous de définir cette période : une semaine, deux peut-être. N'allez pas au-delà du mois, toutefois. Vous risqueriez de vous faire une réputation de cossard(e) qui ne donne jamais de travail à ses élèves parce qu'il (elle) n'en a probablement rien à faire. En outre, votre manque d'exigence finirait par se retourner contre vous, les élèves s'adaptant à vos critères laxistes et transformant vos efforts pédagogiques en un joyeux bazar.

Donc, après cette période de grâce, vous devrez leur faire comprendre que l'année scolaire a bel et bien commencé. Le bronzage des uns et des autres s'est déjà bien éclairci – surtout si vous habitez au nord de la Loire. Tout le monde a enfin son matériel. Bref, on peut travailler. Et exiger en retour autant d'efforts de la part des élèves.

À commencer par celui consistant à faire les exercices ou à apprendre les leçons. Ces deux premières semaines de l'année vous ont permis de jauger les forces en présence. À l'instar des glaneurs séparant le bon grain de l'ivraie, vous savez désormais quels sont les élèves à surveiller. Ceux dont l'objectif permanent cette année sera de ruiner vos efforts. Ou ceux que le Collège unique a broyés et qui trouvent dans leur indiscipline une amère et dérisoire revanche sur l'« école » – dans leur esprit, le lieu ne mérite pas de majuscule. Ce sera à vous de juger de la sincérité des excuses avancées en cas de travail non fait. Mais attention ! Rien n'est pire que le sentiment d'injustice engendré par une sanction récoltée pour de mauvaises raisons. Et du point de vue de l'élève, la sanction est toujours injuste !

Selon les âges, le type d'excuse peut différer. Les sixièmes font preuve de moins de maturité que les troisièmes et donc, sauf exception, les mensonges sont plus facilement détectables.

— Madame ? J'ai pas mes exercices...

— Ah, bon ? Pour quelle raison, Rémi ?

— C'est mon chien... J'ai un petit chien, il a deux mois, et il a déchiré mon cahier d'exercices hier soir... Je les avais faits, pourtant, je vous jure !

Ce genre d'excuse, de type « catastrophe domestique », est assez courant et présente l'avantage pour le prof de lui offrir un peu de distraction dans des journées qui peuvent quelquefois s'avérer moroses. Heureusement, les élèves sont là, qui font renaître sur vos lèvres ce sourire que l'altercation avec votre collègue Séverine, à la récréation de dix heures, avait temporairement remisé au placard.

En fait, ils se mettent en quatre pour vous faire rire – mais vous n'en pouvez rien montrer, le sourire doit demeurer intérieur, car il vous faudra décider de la sanction à donner à l'effronté qui n'a pas fait son travail. Florilège :

« J'ai pas pu faire mes exercices parce qu'il y a eu un incendie chez moi et toutes mes affaires ont brûlé. »

« J'ai pas pu faire mes exercices parce que ma grand-mère est morte et j'ai dû aller la voir au funérarium. »

Bien sûr, ces deux exemples sont extrêmes, des points de non-retour et, à ce titre, très rarement utilisés par les élèves. Une chose est sûre : au cas où ce genre d'excuse est avancé par l'élève – nous pourrions ajouter le divorce des parents ou l'accident de voiture –, faites preuve de la plus extrême prudence avant d'agir ou même d'ouvrir la bouche pour tancer le tire-au-flanc potentiel.

N'allez pas rétorquer, sourire carnassier à l'appui : « Mais dis donc, Vincent, ta grand-mère, elle ne serait pas déjà morte en décembre dernier, par hasard ? Hum ?... » S'il se trouve que le petit Vincent vient réellement de perdre sa deuxième grand-mère en moins de trois mois, vous êtes dans de sales draps. C'est le coup de fil des parents assuré, avec la convocation dans le bureau du Principal et, sans doute, de plates excuses à présenter à la famille. Pas le meilleur moyen d'asseoir votre autorité.

Comme on l'a dit, ces excuses radicales sont rares, car si les élèves sont confondus, ils risquent le conseil de discipline, voire l'exclusion. Or ils se sentent bien au collège, c'est là que se trouvent tous leurs copains pendant la journée.

Non, il s'agit généralement de petits mensonges que vous trouverez même mignons lorsque vous les évoquerez en compagnie de vos collègues, à l'occasion de la pause méridienne. Rien de tel, en effet, qu'une anecdote croustillante pour ouvrir l'appétit !

Commencez donc par demander à la cantonade – et sans vous départir du ton courtois qui vous caractérise en permanence :

« Qui n'a pas ses exercices ? »

Le choix méticuleux des mots établira la portée de votre exigence. Vous ne demandez pas qui n'a pas *fait* ses exercices, mais bien qui ne les *a* pas. La nuance est de taille, car vous verrez alors fleurir les mains levées, comme autant d'arbres masquant partiellement la forêt des visages désormais crispés de leurs propriétaires – enfin, moins en troisième, il faut le reconnaître. Attendez-vous à un flot de questions, aussitôt suivies d'explications alambiquées devant lesquelles vous êtes censé céder.

« M'sieur (m'dame), j'ai fait le 2 page 48, au lieu du 2 page 58. C'est pas grave ?... »

Classique. Vous avez affaire là à un étourdi qui, sanctionné une fois, ne répétera pas la même erreur. À moins qu'il ne s'agisse d'un petit malin qui n'a pas voulu se casser la tête avec vos exercices – il faisait beau, ses copains l'attendaient en bas de chez lui et, franchement, lui et les maths, ça fait deux. Il a donc préféré copier la correction d'exercices plus anciens. En plus, il avait tout bon, vous êtes vraiment une peau de vache !...

Vous serez également confronté(e) à ceux qui ont fait leurs exercices – et ceux que vous aviez donnés, en plus ! – mais, c'est vraiment pas de veine, ils ont oublié leur cahier chez eux. Dans ce cas, vous pouvez, au choix, sanctionner ou bien proposer à l'élève de le raccompagner chez lui après les cours afin de boire un café avec ses parents, en toute amitié, et de vérifier accessoirement la véracité de ses dires. La plupart du temps, l'élève déclinera l'offre et vous tendra son carnet de correspondance sans un mot de plus. De toute façon, vous n'aviez évidemment pas l'intention de mener l'enquête. Vous avez d'autres chats à fouetter et n'appréciez, de toute façon, que le café de la machine située en salle des profs.

On criera également à l'injustice lorsque vous sanctionnerez Mélodie Papalski, alors que « je vous jure, m'sieur ! Je les ai faits en perm', vous avez qu'à demander à Aurore, on les a faits à deux !... » Soyez inflexible et, à moyen terme, le temps perdu en début d'année pour infliger toutes ces sanctions diverses sera rattrapé grâce à la presque disparition de ces moments parasites qui nuisent à vos cours de début d'année.

D'autres cas plus épineux se présenteront néanmoins à votre sagacité. Le doute chevillé au corps mais absent des traits de votre visage serein, vous rendrez alors la justice à votre façon, en espérant ne pas vous tromper, mais sans jamais avoir la certitude d'y parvenir. Préparez-vous à toutes sortes de réactions : choquées, outrées, scandalisées. Abattement, crises de larmes, voire menaces de représailles seront votre lot quotidien. Mais consolez-vous car, tout au fond de vous, vous aurez la satisfaction d'avoir accompli votre tâche avec impartialité et d'être animé d'un profond sentiment de justice. « Droit dans vos bottes », comme disait l'autre.

Vous entendrez souvent parler, au cours de votre longue carrière, d'« éducation à la citoyenneté » – à moins que l'expression ne passe de mode, ce qui est possible. Dites-vous bien qu'en rappelant à vos élèves qu'il existe des limites, qu'ils ne peuvent en toute impunité se soustraire à leurs devoirs dans toute l'acception du terme, vous leur rendez service, au fond. Et contribuez par votre attitude à cette éducation à la citoyenneté que le Ministère nous sert à toutes les sauces, dès que l'occasion se présente.

Car la facilité consisterait à baisser les bras, à céder devant l'immensité de la tâche, à fermer les yeux sur ces comportements finalement de bonne guerre. Sauf que dans professeur, il y a le « -eur » d'« éducateur », de « batailleur », de « directeur » (de conscience). Ou de « rêveur ».

Et si l'on n'a pas de rêves dans l'Éducation nationale, autant changer de métier !

18

Absences

En dépit de cette véritable foi qui vous anime à l'aube de votre carrière d'enseignant, on peut affirmer sans grand risque de se tromper qu'il vous arrivera, au cours de l'année scolaire, d'être absent.

Le collège étant par définition un véritable bouillon de culture – dans toute l'acception du terme, là aussi – nul n'est éternellement à l'abri des germes qui règnent dans cette enceinte où vous tentez vous aussi de vous faire une place.

L'attitude des profs face à la maladie est variable, selon les spécimens rencontrés. Il y a les stakhanovistes déclarés et les profs normaux. Les premiers sont ceux qui, au retour d'une absence qui les a cloués au lit avec quarante de fièvre, et alors que vous demandez de leurs nouvelles, vous rétorqueront en maugréant que « M'en parle pas, ça fait chier ! Avec tout ça, comment je vais faire, moi, pour boucler mon programme ? Je vais devoir rattraper des cours, c'est obligé ! Je vais voir avec le Principal si je peux pas grappiller des heures à droite, à gauche. J'sais pas, sur les créneaux d'E.P.S. peut-être. Ou de dessin... » (Ces profs-là ne considèrent pas leurs collègues d'arts plastiques avec le même respect que vous et s'obstinent à dire « dessin ».)

Évidemment, jeune prof que vous êtes, il vous faudra patienter encore quelques années avant de pouvoir répliquer avec un aplomb souriant : « T'inquiète pas, va ! Tu le finiras, ton programme. Tu passeras un peu moins de temps sur la Deuxième Guerre mondiale, c'est tout. De toute façon, les *panzers*, y a que toi que ça fascine... » Mais vous y arriverez un jour. Comme tout le monde.

Il est un rituel auquel se prêtent tous les élèves, chaque matin qui les voit franchir les grilles du collège. Ils défilent en petits groupes, le cœur plein d'espoir, devant le panneau d'affichage sur lequel figurent les patronymes des profs absents pour la journée. Comme il est extrêmement rare que ce tableau demeure vierge, c'est un peu de bonheur qui est distillé de bon matin. Un coin de ciel bleu dans une journée maussade pour beaucoup d'entre eux. Même si l'absence de Mme Triboulet ou de M. N'Guyen ne bouleversera pas leur emploi du temps – parce que le cours prévu aurait eu lieu en milieu de demi-journée –, l'heure qu'ils auront à passer en permanence possède tout l'attrait d'une récréation à rallonge. Pas question pour eux de s'avancer dans leur travail, et puis quoi encore ! Cette heure de perm' est une respiration, une bouffée d'oxygène dans un univers par trop étouffant. Aussi, ne vous avisez pas de mettre à profit l'absence de votre collègue pour rattraper un cours ou soumettre votre classe à un travail écrit impromptu. Vous seriez accueilli par des hauts cris et vous mettriez à coup sûr l'essentiel de l'effectif à dos.

Il faut vous faire une raison, c'est comme ça. De toute manière, avez-vous véritablement besoin de vous infliger du travail supplémentaire ? Bon. Vous voyez bien !

Parfois, il arrive que l'absence soit prévue : vous devez participer à un stage, assister à une réunion exceptionnelle avec votre Principal ou êtes convoqué(e) pour telle ou telle mission définie par votre I.P.R. en personne. Vous devez donc prévenir vos classes afin que votre absence soit dûment notée dans le carnet de correspondance et les parents ainsi avertis. Soyez fort : quelle que soit votre popularité auprès de vos élèves – c'est vrai, vous êtes jeune, moderne, connaissez les groupes de rock qu'ils écoutent... –, ne vous bercez pas d'illusions. Dès que vous aurez annoncé à votre classe : « Prenez vos carnets page 12 », vous aurez à subir un concert joyeux d'exclamations enthousiastes, qu'il vous faudra tenter de tempérer afin de ramener tout le monde au calme. Fuseront encore quelques « Monsieur, vous êtes absent un seul jour ? » ou « Si on oublie de faire signer, on pourra sortir à trois heures quand même ? », puis vous pourrez ambitionner de remettre tout le monde au travail.

Si, en revanche, c'est un de vos collègues qui a annoncé son absence, attendez-vous à être assailli à la porte de votre salle par une nuée d'élèves surexcités qui vous demanderont dans le plus grand brouhaha : « M'sieur, m'sieur ! Y a Mme Hernu qui est absente lundi. Vous pouvez pas avancer votre cours de seize heures à treize heures ? Sinon, ça nous fait trois heures de perm' parce que Mme Florin, la prof d'E.P.S., est en stage et donc on n'a que vous l'après-midi... Siouplaît, m'sieur ?... »

D'abord, rester calme. Ne pas céder à la panique, ni se laisser contaminer par leur enthousiasme. C'est Mme Hernu qui va rester bien au chaud chez elle, pas vous. Profitez au contraire de l'immensité de ce pouvoir dont vous voilà tout à coup investi. Ils sont à vos pieds, les petits monstres ! Prêts à tout ou presque pour bénéficier d'un après-midi de liberté hors de leur prison. Allez-vous leur donner satisfaction ? Tout dépend du profil des élèves en question. Car c'est l'occasion rêvée de vous venger de ceux qui n'ont qu'une idée en tête : saboter vos cours, s'amuser à vos dépens et saper votre moral. Vous pouvez toujours inventer une excuse et leur annoncer d'un air attristé que « Ah ! Désolé, mais ça ne va pas être possible. Je dois rencontrer des parents d'élèves cet après-midi-là. C'est dommage mais je ne vais rien pouvoir faire pour vous... »

Vous pourrez alors jubiler intérieurement du bon tour que vous venez de jouer à ces petits diables – pas si petits, d'abord – et savourer en silence leur défaite, avant de narrer l'épisode lors du repas pris en commun à la cantine, dans le style : « Tiens ! Les 4e 7 sont venus me voir tout à l'heure pour me demander de reporter mon cours à cause de l'absence de Micheline. T'aurais dû voir comme je te les ai envoyés bouler ! Non, mais !... »

Autre motif d'absence, tout aussi récurrent tout au long de l'année : la grève, bien sûr ! Là aussi, les comportements sont, *a priori*, de deux ordres : on est gréviste ou on ne l'est pas. Sauf que ce n'est pas si simple. Il y a, à première vue, ceux qui se déclarent grévistes et qui sont effectivement absents le jour du mouvement et les non-grévistes, donc. Parmi ceux-là, deux catégories se distinguent : les non-grévistes et les non-grévistes officiels. Les premiers sont venus travailler parce qu'ils ne partagent pas les vues du syndicat qui a appelé à la grève ou pour toute autre raison. Quant aux seconds, tout en déplorant la grève (« C'est pas vrai ! Il va encore manquer la moitié des élèves, comment veux-tu travailler dans des conditions pareilles ? ! ! »), ils se frottent intérieurement les mains. En effet, cette journée particulière va leur donner l'occasion, en vertu d'effectifs amputés d'une bonne moitié au moins, d'occuper leur reliquat d'élèves à coups de polys d'exercices, voire de cassettes vidéo ou de DVD – pour les profs dont la salle est équipée.

On pourrait rétorquer que chacun fait ce qui lui plaît, dans la mesure où ça ne gêne personne. Certes. En l'occurrence, ce comportement que nous qualifierons du « cul entre deux chaises » est méprisable pour deux raisons.

D'une part, contrairement aux grévistes authentiques qui, eux, perdent une journée de salaire, les pseudo-non-grévistes toucheront l'intégralité dudit salaire, alors qu'ils n'auront pas travaillé – ou si peu – ce jour-là.

D'autre part, par leur comportement peu civique, ils encouragent les parents à ne pas envoyer leurs enfants au collège. C'est ainsi que l'on voit fleurir, les lendemains de grève, des mots d'excuse du genre « Grève des profs » (jusque-là, rien d'anormal, quoique...), ou même « Solidarité avec les profs en grève » ! Jusqu'où va se nicher le combat social, vraiment !

Cela dit, pour une fois que les parents ne disent pas du mal de nous...

19

Conseils de classe

Avant de participer à un conseil de classe, il faut connaître les règles du jeu. Car il s'agit bien d'un jeu. Un jeu de rôles, aux règles bien établies, dans lequel chaque protagoniste a une fonction précise.

Président du conseil de classe, le Principal donne le ton. En fonction du profil de la division concernée, il brandira tour à tour la carotte ou le bâton.

À ses côtés, le Professeur principal, qui a préparé le conseil tranquillement, chez lui, en étudiant de près chacun des bulletins remplis par les professeurs de la division. Ce qui lui permet de proposer aux personnes présentes une synthèse censée refléter le climat qui règne au sein de la classe, tant du point de vue du travail que de celui de la discipline.

Autour de ces leaders, satellites indispensables, les autres profs de la division. Selon qu'il s'agit d'une « bonne » ou d'une « mauvaise » classe, ils seront plus ou moins nombreux à assister au conseil. D'autant qu'un paramètre supplémentaire peut, le cas échéant, jouer en défaveur des « mauvaises » classes : l'horaire du conseil. Les profs ne sont pas très différents des gens normaux :

une fois terminée leur journée de travail, ils n'ont pas spécialement envie de rester au turbin. Or un conseil de classe rallonge en moyenne ladite journée de une heure trente à trois heures – selon le nombre de conseils que vous devez « faire » et l'horaire de ces derniers. Alors il arrive parfois – non, soyons honnête : souvent – que les conseils des classes difficiles, faibles ou pénibles se passent en comité restreint : C.P.E. (souvent délégué pour cette tâche ingrate), P. P., deux ou trois profs (sur une dizaine) et un ou deux élèves délégués. Les représentants des parents ? Généralement non. Pas plus qu'ils ne viennent aux réunions parents-profs, ils ne voient pas pourquoi ils devraient s'infliger de souffrir à nouveau par procuration, en écoutant les récriminations de profs qui s'acharnent déjà à longueur de journée sur leur progéniture, à coups de punitions, d'avertissements ou de retenues. On pourra parler de démission – après tout, il s'agit de l'avenir de leurs enfants – mais cela n'explique pas tout.

En plus des participants déjà mentionnés, nous avons aussi le Conseiller d'orientation – psychologue lorsqu'il s'agit d'un conseil de troisième.

Les rôles étant distribués, la pièce peut commencer.

Imaginons que le conseil auquel vous participez soit celui de la 6ᵉ A – c'est-à-dire la meilleure sixième. La réunion, empreinte au début d'une certaine solennité – il faut bien impressionner un peu les parents délégués qui, comme vous, débutent – ne tarde pas à trouver son rythme. Grâce aux bons résultats d'ensemble des élèves de cette division, l'atmosphère se détend très vite, et les uns et les autres s'autorisent d'aimables commentaires.

— Oh ! oui. C'est vrai, tout les intéresse, c'est un vrai plaisir...

— Je confirme ! Il faut voir la qualité des productions en arts plastiques...

— Attention quand même à ne pas se relâcher au deuxième trimestre ! Ce serait dommage...

— Oh... Je ne pense pas qu'il y aura de relâchement dans cette classe. Ils sont bien suivis à la maison, alors il n'y a pas de raison...

— On peut tout de même se flatter d'avoir mis cinq Félicitations et six Tableaux d'honneur. Sur un total de vingt-neuf élèves, ce n'est pas mal, non ?

— C'est sûr qu'on ne pourrait pas en faire autant dans certaines classes – suivez mon regard – ha, ha, ha !

Et le tout se conclut en une petite heure, chacun se congratulant du travail fourni – et félicitant à mi-voix le Professeur principal qui est parvenu à « expédier » le conseil en moins d'une heure, permettant ainsi à chacun de rentrer à temps pour l'apéritif ou le bain du petit.

Passons maintenant aux 6e F. Là, l'ambiance est sensiblement différente. C'est le Principal adjoint qui s'y colle, on voit bien qu'il aimerait être ailleurs, et l'enthousiasme ne suinte pas des murs de la salle. Quatre profs sont présents : le P. P. – bien obligé, c'est sa classe, après tout ! –, la prof de maths, celle d'histoire-géo et vous, le prof de français. Les autres ont transmis au P. P. leurs P.I.[1] dans lesquelles ils expriment leurs états d'âme, sans omettre d'exiger pour

1. P.I. : Participation Indirecte. Document écrit, parfois plaintif, dans lequel le prof rédacteur se lâche. Sachant qu'il n'assistera pas au conseil, l'opération est sans risque pour lui.

tel ou tel élève un Avertissement travail ou conduite – ou les deux. Certaines de ces absences peuvent s'expliquer par le fait que, dans certaines matières, les profs ont en charge une vingtaine de classes (arts plastiques, éducation musicale) ou de nombreux groupes (sciences, technologie, E.P.S.). Ce qui rend difficile, sauf à manifester le don d'ubiquité, de participer à tous les conseils. En outre, le montant dérisoire de l'I.S.O. [1] bride la motivation des enseignants.

Si des parents d'élèves sont présents, le Principal adjoint leur demande en préambule s'ils ont des questions ou des remarques dont ils doivent faire part au conseil. Généralement, ceux-ci se contentent de secouer la tête pour dire non, avant de se replonger dans la contemplation des graffitis qui zèbrent la table qu'ils occupent.

On passe alors au traditionnel tour de table qui, vu la foule présente, ne dure pas. N'empêche, ceux qui ont fait le déplacement souhaitent vider leur sac, ils sont restés exprès. Alors, le conseil de classe se mue brutalement en tribunal improvisé, où les délégués – élèves et parents – jouent les boucs émissaires à leur corps défendant, tout en se disant qu'on ne les y reprendra pas : la prochaine fois, leur conseil, les profs le feront sans eux ! Le Principal adjoint tente alors en vain de tempérer le propos à coups de « Ce n'est pas à vous, les délégués,

1. I.S.O. : Indemnité de Suivi et d'Orientation. Tombait, jusqu'à l'année dernière, tous les trois mois et permettait à la majorité des profs de rembourser – très partiellement – leurs crédits à la consommation. Elle est désormais versée mensuellement.

que Mme Fernandez en veut, ça, vous devez bien le comprendre. Mais il faudra faire passer le message à toute la classe ».

Bien sûr. Facile à dire. En attendant, on est loin de la convivialité du conseil des 6e A. C'est plutôt « Règlement de comptes à O.K. Collège ». Le grand défouloir. Cela dit, le conseil de classe est souvent la seule opportunité pour certains profs fragilisés – les Georges ou les Monique... ou les très jeunes profs – d'exprimer leur mal-être. Même si ce n'est pas forcément l'endroit idéal pour le faire, la portée de leurs arguments étant, vu le contexte – deux pelés, trois tondus – plutôt limitée.

Le conseil de classe trimestriel est aussi l'occasion de certains passages obligés. Durant votre longue carrière, vous ne manquerez pas d'entendre, voire d'utiliser vous-même, des expressions, des tournures de phrase « typiques ».

Ainsi, après avoir constaté une baisse des résultats au deuxième trimestre, on incitera les élèves à se remettre au travail (« Et durablement ! », ne manquera pas d'ajouter un collègue à l'autorité souvent ébranlée) ; on leur conseillera, par le biais de l'appréciation générale figurant en bas du bulletin trimestriel, de « penser à leur orientation » ; on mettra en garde les classes ayant obtenu de bons résultats contre un relâchement qui serait « coupable » et énigmatiquement « dangereux » ; on tancera ceux qui, au contraire, auront déçu leurs professeurs par leur manque de motivation et de travail et leur comportement puéril (« C'est vrai, ces enfants pourraient se comporter en adultes, tout de même ! »). Et lorsqu'on envisagera de faire redoubler un élève dont les résultats ne sont pas satisfaisants, on formera le souhait qu'il s'agisse d'un « redoublement profitable[1] ».

Si vous débutez, bien entendu, dans les premiers temps, vous jouerez davantage un rôle d'observateur que de participant actif. Il est même probable que certains collègues aguerris snobent un peu vos timides interventions, voire vous coupent la parole en s'estimant plus à même d'exprimer clairement ce que vous voulez dire.

Mais ne vous en faites pas. Ne vous emportez pas non plus, ce serait la pire des choses, surtout en présence des parents. Prenez votre mal en patience et faites preuve de diplomatie... et d'éloquence. Après tout, vous avez une quarantaine d'années devant vous pour marquer définitivement votre territoire.

1. Contrairement à l'idée généralement répandue, le redoublement n'est pas considéré, dans le monde de l'enseignement, comme une sanction mais comme une seconde chance accordée à l'élève concerné. Cela dit, les préjugés ont la vie dure...

20
Les pots

Si votre collège est doté d'une amicale du personnel, vous aurez l'occasion, plusieurs fois dans l'année, de participer à divers pots. Pot de rentrée, pot de Noël, de départ ou de fin d'année scolaire (ces deux-là ne faisant généralement qu'un), ces moments sont l'occasion pour tout un chacun de baisser un peu la garde et d'aller au contact des autres sans arrière-pensée. En principe.

En réalité, dans la mesure où l'équipe de direction est présente, il n'est pas trop question de se lâcher. Il y a tout un protocole à respecter.

Théoriquement, vous devrez d'abord supporter un discours d'introduction prononcé par le Président de l'Amicale ou le Principal – il s'agit parfois de la même personne. Le speech sera convenu, comportera un ou deux calembours éventés qui tireront quelques rires polis de l'assistance – qui déjà lorgne du côté des canapés disposés sur les tables de cantine exceptionnellement parées de magnifiques nappes en papier blanc.

Pendant le discours, efforcez-vous de vous réfugier vers les lignes arrière. Vous éviterez ainsi d'être pris à témoin par l'orateur – qui n'est pas très à l'aise, comme en témoignent ses nombreux bafouillages et raclements de gorge intempestifs. Vous aurez certainement droit à quelques effets de larsen. Quelqu'un se précipitera alors vers le micro pour en dévisser le pied qu'il fera alors monter ou descendre de trois centimètres, tapotera la boule du micro d'un air averti et repartira se fondre dans la foule anonyme. Cinq secondes plus tard, le larsen fera son retour triomphal – au contraire du spécialiste acousticien qui, cette fois, ne reprendra pas le chemin du micro – et tout le monde grimacera en priant pour que la torture cesse au plus vite.

D'autres manifestations tout aussi sonores viendront probablement perturber le discours du Président, comme s'il avait besoin de ça, le pauvre. Des enfants en bas âge courront en tous sens, sous les yeux extatiques de leurs parents profs qui – paradoxe de leur fonction – ne broncheront pas. Vous, vous grimacerez en les observant traverser à toute vitesse l'espace libéré pour le discours sans craindre de se prendre les pieds dans le fil du micro, et sous le regard de plus en plus inquiet du bredouilleur de service. Bien sûr, les joyeux bambins pousseront des cris stridents en se courant les uns après les autres, et tout le monde fera mine de ne rien remarquer : « C'est si mignon !... »

On procédera ensuite à la remise de cadeaux divers, célébrant naissances, mariages et, au mois de juin, mutations ou départs en retraite.

Si c'est le Principal qui « fait valoir ses droits à la retraite », c'est lui qui tiendra la vedette. Votre collègue Pierre aura beau quitter l'établissement pour rejoindre sa Bretagne natale après quinze ans de bons et loyaux services au collège Pablo-Neruda à B. dans le Loir-et-

Cher, c'est tout de même le chef d'établissement qui sera honoré par l'ensemble de la communauté éducative. On rappellera son parcours professionnel, tout en agrémentant le discours de savoureuses anecdotes – dont le principal intéressé se demandera comment elles sont parvenues aux oreilles de celui qui s'exprime au micro – et chacun sourira poliment. Le tout sera couronné par une salve d'applaudissements et le Principal, à son tour, effectuera un discours de remerciements.

Finalement, c'est un peu comme aux César, la compression en moins. Dans le cas qui nous occupe, le futur retraité se verra remettre des cadeaux dont le nombre et la valeur dépendront de sa cote de popularité auprès des profs du collège. Le récipiendaire exprimera son émotion – souvent sincère, il faut bien le reconnaître : on ne quitte pas la « maison » comme ça, sans une larmichette – et ouvrira des yeux ébahis devant le vélo, l'appareil photo numérique ou le caméscope que l'Amicale aura acheté pour l'occasion.

Mais que Pierre se console : il aura bien droit, lui aussi, à son cadeau – qui reflétera sa personnalité et ses goûts en matière de loisirs : taille-haie, VTT, casque stéréo hi-fi sans fil, livre d'art... Et il dira bien merci, évidemment.

Au bout d'une petite heure, les discours cesseront et quelqu'un donnera le signal indiquant que les libations peuvent enfin commencer. Entre-temps, le personnel T.O.S.S. et O.E.A.[1] réquisitionné pour l'occasion aura empli les coupes de Café de Paris. Certains membres de l'Amicale se dévoueront pour servir alcool anisé ou

1. O.E.A. : Ouvrier d'Entretien et d'Accueil.

whisky bon marché – il manquera généralement de glaçons, il faudra vous y faire – qui seront bus dans les traditionnels verres de cantine duralex.

Les clans se reconstitueront spontanément autour des chips et des cacahuètes, c'est-à-dire profs entre eux, regroupés par affinités, et équipe de direction à part (en compagnie des représentants de l'association de parents d'élèves le plus souvent).

Peut-être certains profs désinhibés par la boisson seront-ils tentés de franchir le Rubicon et d'aller converser avec leur futur ex-Principal, ou son Adjoint, en toute simplicité, voire – allez, soyons fous ! – amicalement. Mais les préjugés ont la vie dure et la plupart s'abstiendront, par crainte d'être accusés de flagorner pour obtenir des faveurs, comme cela se faisait autrefois à la cour du Roi-Soleil. Car, bien que partant en retraite, l'ultime tâche du Principal consiste tout de même à préparer la rentrée de son successeur.

Les conversations s'étireront donc ainsi avec, pour témoins peu concernés, les conjoints traînés là pour l'occasion, qui ne connaissent pas grand monde et n'ont pas envie de s'éterniser.

D'autant qu'un nouvel effet de larsen viendra indiquer à l'assistance pétrifiée que, ça y est, Joël, le chef cuistot, chanteur à ses heures et ancien disc-jockey au camping des Mouettes à Berck-Plage, *is back* ! Endimanché dans son costume écru et sa cravate crème sur chemise bordeaux, Joël prendra le pouvoir, vengeant par sa hardiesse à bousculer les profs et leur Direction la classe ouvrière à laquelle il appartient et qui est trop souvent prise de haut par ces gens qui ne lui parlent que si peu, en dehors des « Bonjour » et des « Ça va ? » qui n'appellent pas de réponse. Bien sûr, les profs se gausseront sous cape mais ne parviendront pas à masquer totalement le malaise que certains ressentent face aux gens simples et à leurs rites, leurs plaisirs.

Alors, ils feront comme beaucoup d'entre nous : ils prétexteront quelque cas de force majeure.

— La baby-sitter vient de m'appeler, Quentin n'arrête pas de pleurer, faut qu'on y aille...

— Non, j'ai une soirée chez des potes, là, je peux pas rester...

— De toute façon, c'était qu'un pot, non ?...

— Je bosse demain et j'ai encore un paquet de copies à corriger...

Mais les pots au collège, ce n'est pas que ça. Une convivialité de façade et le karaoké de Joël le cuistot. Parfois, c'est l'occasion de parler réellement avec tel ou telle prof que vous ne faites que croiser en temps normal. Les pots offrent parfois la possibilité de mettre fin à un malentendu avec un collègue, ou à briser enfin la glace avec tel autre. Ils sont le creuset où naissent aussi les rapprochements les plus enivrants, les plus prometteurs. On peut y rencontrer l'âme sœur et, dans la mesure où on se marie souvent dans sa catégorie socioprofessionnelle, quel meilleur endroit qu'un pot réunissant tant de profs à la fois ?

Aussi, ne soyez pas timides. Payez votre cotisation à l'Amicale de votre collège et venez au pot de dix-sept heures trente, même si cela implique de rester au bahut alors que vous avez fini à quinze heures, ou si pour cela vous devez vous déplacer spécialement. C'est le prix à payer pour prendre vos marques ou asseoir votre présence. Devenir un membre à part entière de l'équipe pédagogique.

Puisque vous avez quarante années devant vous, autant faire en sorte de les rendre le plus supportables possible.

21

Les profs d'E.P.S.

À moins de l'être vous-même – auquel cas vous pouvez passer directement au chapitre suivant, je ne voudrais froisser personne –, vous éprouverez souvent un fond de jalousie envers vos collègues d'E.P.S.

Quel que soit leur âge, en effet, ils aiguiseront ce sentiment qui vous amènera parfois à penser : « 'Tain ! Ils se la coulent douce. Moi aussi, j'aurais dû tenter l'U.R.E.P.S. [1], j'avais ma chance... Fait chier !... »

Pourquoi tant de haine ou, plutôt, d'envie ?

D'abord, la plupart des profs d'E.P.S. ont toujours l'air content. Heureux d'être là. Y a rien qui va mal.

Les anciens affichent une insouciante bonhomie qui paraît les protéger de tout et de tous. Dans leurs joggings un peu passés ou leurs maillots de rugby vintage, ils regardent défiler les petits événements de la vie du collège avec le détachement de ceux qui en ont vu d'autres – et s'en foutent un peu.

Il faut dire que cela fait des années qu'on les ignore

1. U.R.E.P.S. : Unité de Recherche d'Éducation Physique et Sportive.

– au mieux – ou qu'on se moque ouvertement d'eux et de la facilité de leur boulot.

« C'est vrai, quoi ! C'est quoi, un prof de sport ? Un type en survêtement, un chrono autour du cou, qui file un ballon aux gosses et qui discute tranquille avec ses collègues pendant qu'un autre élève fait l'arbitre et tient le score... »

Alors que c'est faux ! Entièrement faux ! Premièrement, on ne dit pas prof de sport, mais d'E.P.S., nuance. De la même manière, si vous êtes confronté à David, votre collègue d'E.P.S., et que la petite balle de celluloïd blanche vous titille, ne lui dites pas : « Tiens, on pourrait pas se faire un ping-pong au gymnase, demain à cinq heures, la salle est libre, non ? »

Le David en question prendrait alors un air faussement outré – car, au fond, je vous le rappelle, il s'en fout – et, avec l'air de vous prendre un peu de haut, vous assènerait : « On ne dit pas ping-pong. On dit tennis de table. » Eh oui !

Car le prof d'E.P.S. moderne n'a plus grand-chose à voir avec celui... d'avant. C'est un véritable technicien de la chose sportive et ses compétences se sont largement étoffées. La matière qu'il enseigne s'est diversifiée et requiert désormais, comme les autres, un lexique spécifique, véritable code indéchiffrable pour le néophyte. Dans certains documents officiels, on ne parle plus en effet de « balle » ou de « ballon » mais de « référentiel bondissant ». Ça vous a quand même une autre gueule, non ?

Quant au fait de laisser les élèves arbitrer – ou installer et démonter le matériel –, la fainéantise n'a rien à voir là-dedans[1]. C'est que, désormais, on enseigne des connaissances, des savoirs, mais aussi des savoir-faire – et l'arbitrage, comme le montage et le démontage du matériel, en fait partie. Le fait pour un adolescent d'arbitrer un match entre deux équipes constituées d'autres collégiens comme lui peut, en fonction de sa personnalité, l'amener à mieux appréhender la notion d'équité et de respect des règles ou, dans le cas d'un élève excessivement réservé, contribuer à son épanouissement au sein du groupe.

Donc, il est faux de dire que les profs d'E.P.S. ne bossent pas autant que vous. Cela se voit moins, c'est tout. Bien.

Nous avons évoqué les anciens, mais que dire des jeunes ?

Bien souvent, vous aurez l'impression d'assister, en les regardant traverser la salle des profs avec une insolente décontraction, à un défilé de mode échappé de Fashion TV *for sport lovers* : ils sont minces (encore heureux !), bronzés toute l'année, les lunettes de soleil perchées sur le crâne été comme hiver. Quant aux vêtements, c'est bien simple, on les dirait officiellement sponsorisés par les grands équipementiers de sports de glisse, « extrêmes » et « fun » : ils arborent Oxbow, O'Neill ou Quiksilver quand vous, prof « normal », osez à peine le sweat-shirt estampillé Nike – et encore, le samedi matin, quand il y a moins de monde.

En juin, lorsque la température grimpera au-dehors et dans votre salle de classe surchauffée par les rayons du

---

1. Sauf à penser que les instructions tombant de l'Inspection générale ont été pondues par des prosélytes de la paresse institutionnalisée ? Non, nous ne le pensons pas.

soleil qui transpercent les immenses baies vitrées, les profs d'E.P.S., eux, se pavaneront en bermuda ou en short, à l'aise, alors que vous, prof « normal », devrez d'abord mesurer la portée de votre choix éventuel de les imiter. Choix éminemment politique.

Préparez-vous, le cas échéant, à essuyer, de la part de votre Principal, aussi sympathique soit-il, des remarques du genre :

« Alors, monsieur Vermeulen ? C'est bientôt les vacances ?... »

Ou encore :

« Eh bien, monsieur Desreumaux, j'espère que vous avez aussi pensé à mettre de la crème solaire !... »

Le comble de la témérité consistant à coupler le bermuda avec des sandales très largement ajourées, avec les orteils qui font coucou, style plage, quoi ! Bien sûr, cela sous-entend une assurance certaine de la part du prof qui se hasarde à ce style vestimentaire. Il faut être irréprochable, par ailleurs. Ne pas connaître de problèmes de discipline avec ses élèves, prodiguer un enseignement de qualité, être actif dans la vie du collège (« rayonner », comme il est indiqué sur l'avis de notation administrative, nous y reviendrons). Alors, et alors seulement, vous pourrez vous permettre ce genre de caprice.

Mais s'agit-il véritablement d'un caprice de votre part ? Non, évidemment. Comme vous pouvez d'ailleurs l'expliquer gentiment au Principal qui vient de vous aiguillonner – la pédagogie est décidément chez vous une seconde nature :

« Vous savez, j'ai besoin d'être à l'aise pour travailler correctement. Alors, avec ces températures, la tenue la plus appropriée est celle-ci, me semble-t-il. »

Portez alors l'estocade en écartant les bras avec un large sourire pour indiquer à votre interlocuteur, un peu ébranlé par votre impudence tout de même, que vous avez sans doute moins chaud que lui dans son costume-cravate.

Si, en plus, vous avez des comptes à régler avec la personne en question – et que vous venez de recevoir le document officiel vous informant que votre demande de mutation pour ce collège tranquille de Normandie a finalement abouti –, vous pouvez même pousser le bouchon un peu plus loin et vous enquérir, d'un air faussement innocent – mais avec une réelle perfidie :

« Le règlement intérieur du collège n'interdit pas les bermudas aux élèves, si je ne m'abuse. Dois-je en conclure que les professeurs jouissent de droits inférieurs à ceux des collégiens ?... »

Naturellement, si vous prononcez à l'encontre de votre supérieur hiérarchique direct ces paroles hautement jubilatoires, vous devez avoir conscience que vous coupez par la même occasion tous les ponts derrière vous. C'est choisir la politique de la terre brûlée... Et si, par malheur, on vous informe le lendemain qu'une erreur informatique s'était glissée dans le logiciel utilisé pour la transmission des informations relatives aux demandes de mutations et que, donc, la vôtre n'a pas abouti, vous n'aurez plus qu'à vous mordre les doigts de votre excessive audace, mais il sera trop tard.

Quant aux profs d'E.P.S., il vous arrivera peut-être de pester encore en constatant leur faculté inégalée à annexer avant tout le monde – et durablement – les moelleux fauteuils de la salle des profs. C'est vrai, vous aurez l'impression qu'ils sont toujours là, à boire un café ou à lire *L'Équipe*, pendant que vous transpirez virtuellement sur vos multiples paquets de copies. Vous en croiserez peut-être même qui railleront votre activité intense et, une fois terminée la lecture de leur quotidien sportif, soupireront ostensiblement – d'aise, probablement – avant de laisser tomber rêveusement et avec un sourire satisfait, un « Ah !... C'est beau, quand même, de voir un prof qui travaille... ». Comme si eux-mêmes n'appartenaient pas tout à fait à cette catégorie.

À vous alors de faire preuve de compréhension à l'égard de votre collègue en survêtement griffé. Comment lui en vouloir, en effet ? Il ignore l'état de profonde extase dans lequel vous plonge la correction des travaux de vos élèves – surtout lorsqu'il est tard, le soir, une fois que vous avez débarrassé la table, couché les enfants et fait la vaisselle. Lui ne connaît pas ce bonheur à nul autre pareil : il n'a jamais de copies à corriger. Boucle l'année scolaire avec un seul stylo rouge. Alors, comment pourrait-il prendre au sérieux ce que vous faites – les corrections, mais aussi les découpages et montages pour la photocopieuse ou le remplissage des cahiers de textes de classe ?

Et puis, avouez, vous n'êtes pas non plus le dernier ou la dernière à vous moquer gentiment des profs d'E.P.S. ! Vous aussi contribuez parfois à entretenir, à attiser honteusement cette opposition dépassée entre l'intellectuel et le sportif. Alors, pourquoi votre collègue en baskets vous épargnerait-il à son tour ?

Cela dit, méfions-nous des idées reçues. Les profs d'E.P.S. travaillent autant que vous – et peut-être même plus. Pendant que vous profitez de votre mercredi pour souffler un peu en vous promenant dans les centres commerciaux, ils sont au boulot, accaparés par l'U.N.S.S. [1] et la préparation des graines de champions pour les Jeux olympiques qui auront lieu dans huit ans.

Ou lorsque vous quitterez votre collège à quatorze ou quinze heures pour profiter des derniers rayons du soleil avant l'hiver, vous constaterez peut-être que David et ses top models en tennis de marque se trouvent en salle des profs, attablés avec le plus grand sérieux. Les fauteuils moelleux vous appartiennent si vous le voulez. C'est qu'il leur faut plancher sur la mise au point du prochain projet sportif mis en œuvre par l'établissement : cross du collège, interclasses ou projet innovant, tel que cirque ou escalade.

Aux récréations de dix ou quinze heures, pendant que vous sirotez votre cappuccino, ils se relaient à la vente des petits pains qui financera la sortie offerte en fin d'année aux méritants élèves qui auront représenté votre collège aux compétitions sportives de l'Académie.

Aussi, aimez vos collègues d'E.P.S. et, vous verrez, ils vous le rendront au centuple. En vous proposant peut-être, un mardi soir, après vos sept heures de cours, de les accompagner pour un petit footing de dix kilomètres en forêt. Sympa, non ? En plus, avouez que vous en avez besoin.

Quoi, vous n'aimez pas courir ?

---

1. U.N.S.S. : Union Nationale du Sport Scolaire. Chaque mercredi, ou presque, des collégiens volontaires participent à des compétitions sportives intercollèges, encadrés par les profs d'E.P.S. des établissements concernés. Sans l'U.N.S.S., les fabricants de coupes, médailles et trophées mettraient la clé sous la porte.

22

Maître de stage

Il peut arriver que le Principal de votre collège vous fasse l'insigne honneur de vous désigner comme Maître de stage d'un prof qui vient tout juste de réussir le concours, le fameux C.A.P.E.S.[1], indispensable pour avoir le droit d'exercer dans ces innombrables temples de la Connaissance disséminés aux quatre coins de... hum, l'Hexagone.

Être choisi pour cette fonction, pour ainsi dire élu – au sens carrément biblique du terme –, est la preuve irréfutable que le chef d'établissement est parfaitement conscient de la qualité de votre travail et qu'il estime que vous êtes à même de transmettre votre savoir-faire à un collègue fraîchement diplômé.

Cela dit, si cela vous arrive, attendez-vous à des réactions dans votre entourage immédiat, c'est-à-dire au sein même de votre matière. Et pas du genre : « Ah, vrai-

---

1. C.A.P.E.S. : Certificat d'Aptitude Pédagogique à l'Enseignement Secondaire ou Certificat d'Aptitude au Professorat de l'Enseignement du Second Degré. De toute façon, c'est pareil !

ment ! C'est super d'être nommé Maître de stage à moins de trente ans. Quand je pense qu'à cinquante-trois ans, moi, on ne me l'a jamais proposé... Ah, vraiment, c'est super !... »

Non, dans votre cas, les réactions seront muettes. En votre présence, en tout cas. Car il est évident qu'une fois que vous aurez quitté les lieux, les langues vont se délier. Et permettez-moi de vous dire qu'il vous faudra avoir le dos large. Et peut-être investir dans une épaisse cote de mailles.

Certes, d'aucuns seront sincèrement heureux pour vous, trouveront qu'au vu de ce que vous avez démontré depuis votre arrivée dans le collège il y a deux ans, il n'y a pas photo, l'honneur devait vous revenir, pas de problème – et, de toute façon, c'est mieux ainsi : ceux-là préfèrent qu'on les laisse tranquilles. En revanche, quelques langues de vipère commenceront à s'activer dans les recoins obscurs de quelque local annexe, quelque coursive peu fréquentée propice aux critiques les plus lâches.

Très vite, on vous fera comprendre, avec plus ou moins de bonne foi et de gentillesse, que, puisque vous avez été nommé maître de stage, que l'on vous a donc confié un stagiaire, il va de soi que vous êtes le plus à même, parmi les collègues de votre matière, d'endosser d'autres fonctions dont personne ne veut entendre parler. Vous êtes, par exemple, le coordonnateur idéal : vous possédez la compétence – personne ne songerait plus à le contester – et êtes bien vu de la Direction.

« Bien sûr que si, voyons ! Si le patron t'a choisi, c'est qu'il t'a à la bonne... »

Outre que cet argument est honteusement fallacieux – et sous-entend, de surcroît que c'est uniquement grâce à votre bonne bouille que vous avez été promu –, il permet à ceux qui en usent de vous faire savoir que la pilule de votre titre honorifique a du mal à franchir le gosier de leur étroitesse d'esprit.

La meilleure réponse est de hausser les épaules et, d'un battement d'ailes virtuel, de vous envoler avec légèreté afin de ne pas être contaminé par leur médiocrité. De toute façon, vous allez bientôt avoir d'autres chats à fouetter.

Pour commencer, sur votre emploi du temps de rêve vont spontanément venir se greffer quelques heures supplémentaires inhérentes à la haute fonction que vous occupez dorénavant.

Si vous êtes en veine, votre stagiaire exercera dans le même établissement que vous, mais cela devient rare. Il est donc possible, voire probable, que vous ayez bientôt à effectuer, deux fois par semaine environ, le trajet d'une dizaine de kilomètres vous séparant de l'établissement d'exercice de votre stagiaire – appelons-la Sandrine, pour plus de commodité.

Vous allez donc devoir assister, une à deux fois par semaine, aux cours de Sandrine. Installé au fond de sa classe, vous aurez d'abord droit aux regards effrontés de ses élèves qui se demandent qui vous êtes et pourquoi vous avez investi le dernier rang qui normalement est leur prérogative. Surtout, prenez un air assuré car, ne l'oubliez pas, dans « Maître de stage », il y a « maître ». Un peu comme dans les arts martiaux. Imaginez-vous quelques secondes en maître Shaolin qu'aucune attaque ne peut ébranler, prenez une inspiration profonde et soutenez le regard du petit morveux qui vous toise. Normalement, ça fonctionne : il finira par baisser les yeux – en tout cas, détourner le regard – et ira s'asseoir ailleurs.

Shaolin : 1 – Morveux : 0

Ne croyez pas que vous pourrez vous contenter d'*assister* à ce cours. Il va vous falloir mériter votre titre et prendre moult notes pendant la prestation de Sandrine, qui se mueront à la fin de l'heure en précieux conseils afin que les erreurs commises ne soient pas reproduites à l'avenir. Et vous ne manquerez sans doute pas de grain à moudre !

Après le cours viendra donc l'entretien, sorte de débriefing, au cours duquel Sandrine passera son temps à hocher la tête en bonne pécheresse attendant l'absolution de ses fautes, tandis que vous égrènerez d'un air peiné les points négatifs qui ont émaillé le cours – en les enrobant évidemment d'une bonne dose de diplomatie et d'encouragements :

« C'est normal, tu débutes ! Mais c'est déjà pas mal du tout, tu sais. Vraiment. Disons que la prochaine fois, essaie de faire en sorte que les élèves lèvent la main s'ils veulent répondre. Et attendent que tu les interroges pour le faire. Ce sera plus clair pour tout le monde, tu verras... »

Si vous faites bien votre travail – et si Sandrine possède un minimum de talent pédagogique, bien sûr –, vous constaterez bientôt une métamorphose certaine chez votre stagiaire : après quelques semaines, les yeux hagards et la crinière en bataille laisseront place à un regard apaisé, presque serein, et à une chevelure plus domestiquée. Bien sûr, il vous arrivera encore de crisper la mâchoire lorsque vous entendrez Sandrine tenter de reprendre en main sa classe devenue tout à coup excessivement bruyante, à coups de « Ho ! Hé ! C'est pas bientôt fini, ce bordel ?!! » C'est pourtant de votre faute : c'est vrai, vous lui avez conseillé de faire preuve de fermeté.

N'hésitez pas alors à lui rappeler l'existence de ce passage à niveau intangible mais infranchissable existant entre les élèves et nous, les profs, et qu'il nous faut sans cesse entretenir, sous peine de nous compromettre : le passage d'un niveau de langue à un autre.

Tout prof est un peu linguiste et, à ce titre, se doit de maîtriser, sans nécessairement l'utiliser, le langage des élèves. Mieux, notre mission consiste également à leur ouvrir les portes de *notre* langage, une sorte de mieux-disant linguistique qui n'empêcherait pas l'authenticité des échanges à l'intérieur de la classe.

Formez donc Sandrine et ses semblables à cette distinction essentielle entre le langage utilisé en privé et celui choisi en classe. Incitez-la à traquer également les fautes de français trop énormes pour qu'elles puissent franchir, sans nous faire grimacer, le pavillon de nos chastes oreilles. Pourfendons ainsi tous les « faire montrer », les « ils croivent », les « il faut que je fais » ou les non moins horribles « vous disez » !...

De la même manière, il sera beaucoup plus facile pour Sandrine de se faire respecter et obéir si elle s'abstient de recourir au langage et aux intonations de ses élèves.

L'autre versant de votre tâche consistera à maintenir à toute heure votre porte ouverte à Sandrine. Celle de la salle de classe, s'entend. En effet, le stagiaire doit pouvoir s'abreuver abondamment à la source de la compétence et, à ce titre, est encouragé à assister à autant de cours prodigués par maître Shaolin qu'il lui est physiquement possible !

Vous constaterez assez rapidement que cette présence fréquente au fond de votre salle a quelque chose d'épuisant, nerveusement. Car vous êtes un exemple, ne l'oubliez pas. Vous devez vous montrer irréprochable, tant du point de vue pédagogique que de celui de la discipline – ou du langage, comme nous l'avons vu. Et cela requiert énormément d'énergie.

Un prof de langue, par exemple, ne devra commettre aucune faute grammaticale, lexicale ou phonologique, sous peine de voir sa crédibilité entamée.

En présence du stagiaire, il n'est pas question de péter un câble – pourtant, ce petit con de Bouchetrolles mériterait bien qu'on efface de son faciès antipathique ce sourire narquois qu'il arbore à toute heure... Mais il faut rester zen. Souvenez-vous : Shaolin...

L'Éducation nationale n'étant pas à un paradoxe près, on vous invitera probablement, vers le mois de novembre, à suivre un stage de formation à la fonction de Maître de stage. Le fait que vous prodiguiez vos précieux conseils depuis deux mois déjà ne heurte apparemment personne en haut lieu. Alors, pourquoi ce stage ? Afin de vous expliquer en quoi consistera votre mission si vous l'acceptez – sauf que là, c'est bien évidemment trop tard[1].

1. Il est assez délicat de rétorquer à son Principal que « Non, sans façon. Moi, avoir quelqu'un qui m'espionne au fond de ma classe et devoir, en plus, me taper des visites dans ses cours deux fois par semaine, très peu pour moi ».

Ne prenez pas la mouche en constatant que ledit stage a été programmé un mercredi, jour que vous consacrez normalement à un repos bien mérité, agrémenté néanmoins d'activités familiales épanouissantes – conduites à la danse ou au judo, supervision des devoirs de *vos* enfants – ou professionnellement recommandées, sinon obligatoires : préparation de cours et correction de copies. C'est que, dans les hautes sphères, on ne désire pas priver vos élèves, ou votre stagiaire, de votre haut degré de compétence. Ce serait gâcher, et il ne faut pas.

En plus, un stage constitue toujours un moment enrichissant dans la vie d'un prof. Bien que vous ne l'ayez jamais quittée, vous retournez à l'école, franchissez dans l'autre sens, tels des moutons indécis qui ne disposeraient pour endormir l'insomniaque que d'une barrière, cette frontière que vous pensiez ne plus jamais devoir traverser.

Si de nombreux profs se montrent sceptiques avant même d'avoir démarré n'importe quel stage, c'est qu'ils connaissent le procédé et le discours qui leur sera tenu par le GO, pardon, le formateur.

D'abord, on vous annonce comme une évidence qu'il ne vous sera fourni « aucune recette » pour résoudre les problèmes – de motivation des élèves, de discipline, de mise en œuvre d'un cours, etc. – en raison desquels vous vous êtes inscrit audit stage. Après un préambule plus ou moins instructif, on vous demande, afin de rendre la réflexion multiple et donc encore plus fructueuse, de vous répartir en « petits ateliers ». Enfin, chaque petit groupe désigne un « rapporteur » chargé de rendre compte auprès du grand groupe de la richesse des échanges et, surtout, des solutions trouvées collégialement aux problèmes évoqués au préalable. Trois mois plus tard, vous recevrez dans votre casier une liasse photocopiée, synthèse des travaux de chaque atelier. Hélas, sans doute pris par le manque de temps et le remplissage des bulletins trimestriels, les corrections du Brevet blanc, les réunions, etc., vous négligerez de consulter à nouveau ce précieux document devant donner une nouvelle impulsion à vos cours. Et c'est vers le 28 juin, soit au moment d'effectuer le jouissif tri prévacances de votre casier, que vous retomberez sur la fameuse liasse. Comme nombre de vos collègues, vous choisirez probablement de l'abandonner là, dissimulée sous les prospectus des éditeurs de manuels scolaires, laissant ainsi lâchement aux dames de service la responsabilité de jeter à la poubelle ce document qui, de toute façon, ne vous aurait rien apporté de concret. Mais, pourquoi s'étonner ? On vous avait bien dit : « Pas de recettes. »

Ça n'a pas l'air comme ça, mais être Maître de stage peut malgré tout s'avérer réellement enrichissant pour les deux parties. Soyons clair, néanmoins : au vu du temps que vous aurez passé en compagnie de votre stagiaire ou à rédiger divers comptes rendus et rapports sur les progrès fulgurants qu'il manifeste à votre contact – c'est comme ça, c'est plus fort que vous –, la fonction n'est pas très rémunératrice. Mais si les profs avaient choisi ce métier pour l'argent, cela se saurait depuis longtemps !...

L'attrait se situe donc ailleurs – un peu comme la vérité des *X-Files*, les extraterrestres en moins. On ne peut nier que la confrontation de votre enseignement, de vos certitudes, avec les notions enseignées à l'I.U.F.M. [1], et docilement régurgitées par votre stagiaire lors de chaque entretien, peut s'avérer intéressante.

Accepter d'être Maître de stage pour un an – la reconduction n'est pas automatique, loin s'en faut – implique une remise en question permanente. Même s'il n'est pas gênant de se trouver parfois en désaccord avec ce qui se dit à l'I.U.F.M., vous voilà contraint de réfléchir à vos choix, quitte à les remettre en cause parfois.

Deux fois dans l'année, vous serez invité à assister aux entretiens ayant lieu après l'inspection du stagiaire par un formateur I.U.F.M. – les I.P.R., comme les pandas de Chine, étant de moins en moins nombreux, il faut bien déléguer les pouvoirs –, prof comme vous, mais dont les qualités pédagogiques ont été plus flagrantes encore que les vôtres, pourtant déjà ébouriffantes.

Puis la pression retombera enfin – surtout si votre stagiaire a brillamment passé le cap de cette double visite destinée à valider son entrée dans le corps enseignant. Dans le cas contraire, il vous en voudra forcément un petit peu, voire plus, en estimant que vos conseils l'ont emmené sur des pistes traîtresses et en tout cas peu prisées des formateurs.

Mais dans la plupart des cas, rassurez-vous, ça se passe bien. On félicite le stagiaire pour les progrès nombreux accomplis depuis septembre. En fait, c'est un peu comme lors de l'examen du permis de conduire : on veut bien vous remettre le précieux papier rose, mais en

1. Vu de l'I.U.F.M., le monde du Collège est merveilleux. Chaque élève, quel que soit son niveau intellectuel ou social, est un candidat programmé pour la réussite – un peu comme à la Star Academy.

insistant bien sur le fait que cela ne fait pas de vous un bon conducteur pour autant. Il faut, pour atteindre ce statut, des années de pratique, dans le respect du code de la route et des autres usagers.

Pour les profs, c'est un peu la même chose, jusque dans certains détails. Par exemple, en dépit de toutes leurs années d'ancienneté, certains enseignants ne deviennent jamais de bons profs, il faut le savoir.

Soulagée du fardeau constitué par la double visite des formateurs I.U.F.M., Sandrine pourra alors légitimement se détendre un peu. Manifestant une profonde reconnaissance à votre égard, elle ira même, peut-être, jusqu'à vous offrir un café à la machine. Acceptez-le avec le sourire et cette grandeur d'âme qui vous caractérise. Vous avez passé des heures innombrables à façonner cette glaise initialement grossière, répété les conseils comme autant de caresses sur l'argile, esquissant du bout des doigts la silhouette qui se dessinait sous le poids de vos constructives critiques. Pour, à la fin, amener au seuil de la « maison » cette sculpture, certes inachevée, mais déjà joliment travaillée par l'artiste que vous êtes.

Bien sûr, en d'autres temps, la reconnaissance se traduisait plutôt par une invitation au restaurant. Comme un moment qui permettait enfin de parler d'autre chose et de découvrir l'humain derrière le stagiaire. De remiser au placard le lexique plus ou moins pompeux imposé par l'Institution, sans que le stagiaire n'ose jamais s'insurger de tant de vacuité accumulée. Oublier évaluations formative et sommative ; production guidée, semi-guidée ou libérée ; transfert, progression, savoirs, savoir-faire et savoir faire faire !...

De toute façon, ne vous lamentez pas si vous ressentez une certaine frustration : elle est inhérente à votre rôle. Le Maître de stage ne peut être, pour le stagiaire, un collègue comme les autres. Aussi les rapports sont-ils faussés dès le départ.

Montrez-vous excessivement amical dès le premier jour et vous perdrez une partie de votre frêle aura. Mieux vaut sans doute instaurer une certaine distance entre le stagiaire et vous, afin que le rôle de chacun soit clairement établi.

À une stagiaire qui venait prendre son café de dix heures dans le petit local occupé par un noyau de collègues et lui-même, maître Shaolin s'est lourdement fourvoyé en demandant à la jeune et jolie femme, afin de la mettre complètement à l'aise, sans doute : « Tiens, Justine ! On parlait de toi, justement. On se demandait : t'es vaginale ou clitoridienne ?... »

Préférez donc toujours une distance modérée à une embarrassante familiarité.

23

Voyages scolaires

L'Institution n'a cependant pas que des mauvais côtés, et vous pouvez trouver l'épanouissement auprès de vos élèves en délaissant de temps à autre l'austérité relative de la salle de classe.

Prof de langue par exemple, vous ne concevrez pas une année scolaire sans emmener vos élèves en Angleterre, en Espagne ou ailleurs, afin qu'ils découvrent, sur le terrain, cette culture que vous tentez par tous les moyens de leur inculquer, semaine après semaine.

Se rendre dans le pays de la langue étudiée vous paraît une évidence. C'est le *nec plus ultra.* La cerise exotique sur le gâteau de votre charisme naturel.

Mais organiser un voyage n'est pas chose facile. Car vos interlocuteurs ne sont pas tous convaincus de l'intérêt de la chose. Disons la vérité : il s'agit d'un véritable parcours du combattant, il vaut mieux le savoir ! Voici un aperçu de ce qui vous attend si vous vous lancez dans l'entreprise.

Sachez d'abord qu'il vous faudra affronter une concurrence féroce. Chaque langue – et, par voie de conséquence, chaque pays – possède des atouts différents. Aussi chaque prof mettra-t-il en avant l'intérêt pour les élèves de participer à son voyage plutôt qu'à celui d'un collègue. Le prof troque alors sa toge d'impartialité pour le costume voyant du commercial, voire du camelot, lorsqu'il s'agit de réunir les parents pour leur prouver par A + B que la participation de leur enfant est indispensable pour qu'il réussisse dans ses études et, pourquoi pas ? carrément sa vie professionnelle. Ou sa vie tout court.

Solidaires en d'autres circonstances, les profs de langue se muent, lorsqu'il s'agit de leur voyage, en créatures hybrides, mères poules destructrices, aux griffes acérées et à la langue de vipère. On met en avant les atouts du pays que l'on représente et l'on dénigre avec plus ou moins d'habileté le projet du collègue.

« Vous savez, l'anglais est vraiment *la* langue internationale par excellence. Bien sûr, le coût de ce voyage à New York est assez élevé, mais il s'agit d'une chance unique pour vos enfants de voir de leurs yeux la statue de la Liberté et l'Empire State Building. S'ils veulent aller aux États-Unis une fois adultes, cela leur coûtera bien plus cher. Bon, et puis, sans vouloir dénigrer personne, l'Espagne ou l'Italie, vos enfants pourront y aller n'importe quand en vacances... »

« Écoutez, c'est bien simple, cela fait six ans que j'emmène des collégiens à Venise et tous, je dis bien tous, reviennent en-chan-tés de leur séjour. Le *vaporetto*, la place Saint-Marc... ils adorent. Et puis, la lagune, c'est vraiment quelque chose qu'il faut voir... En outre, à cette période de l'année, le beau temps est assuré. Ce n'est pas le cas si vous envoyez votre enfant en Angleterre, par exemple. Non, c'est vrai, il faut le dire ! C'est bien plus agréable de visiter sous le soleil... »

« D'abord, je tiens à dire que c'est souvent par méconnaissance que les enfants ne sont pas spontanément attirés par l'Allemagne. À tort, d'ailleurs. La cathédrale de Cologne est une des plus belles œuvres d'architecture gothique d'Europe. Le Rhin constitue l'épine dorsale de cette Europe industrielle dans laquelle l'Allemagne tient d'ailleurs une place prépondérante. À ce propos – et pour convaincre les derniers sceptiques qui pensent encore que l'allemand ne sert à rien – sachez que de nombreux échanges commerciaux entre la France et l'Allemagne s'effectuent en allemand. Eh oui ! Il faut le savoir ! »

« Sans vouloir dénigrer les différents projets de mes collègues, il faut tout de même reconnaître que ce séjour à Barcelone présente d'incontestables atouts. La culture espagnole occupe une place et exerce une influence de plus en plus importante dans une Europe moderne, par rapport à d'autres pays que je dirais, comment dire, plus vieillissants, comme l'Angleterre ou l'Allemagne. Barcelone, c'est la Cathédrale, bien sûr, mais aussi le site des Jeux olympiques, la proximité de la mer. Et puis, cette ambiance festive que Klapisch a si bien su retranscrire dans *L'Auberge espagnole*. Vous avez vu le film, n'est-ce pas ? Bon, je vois qu'on se comprend... Bien entendu, je ne parlerai même pas du climat. Là, évidemment, si vous préférez envoyer vos enfants à Londres ou à Cologne, il vaudra mieux qu'ils aient emporté l'anorak et le gros pull, ha, ha, ha ! !... »

En plus de la mauvaise foi de vos collègues – qui jureront la main sur le cœur que jamais ils n'ont tenu de tels propos à l'encontre de « votre » pays, vraiment, certains élèves sont mauvaises langues ! – vous devrez faire face aux *a priori* des familles : en Angleterre, il pleut tout le temps, l'Italie, c'est sale, en Espagne, on attrape la tourista, l'Allemagne, c'est triste...

Bien entendu, le projet devra être solide et offrir toutes les garanties à des parents exigeants. Le prix n'est pas tout. Le séjour se doit avant tout d'être pédagogique, afin d'emporter l'adhésion du C.A. [1], première étape indispensable avant de proposer votre projet au grand public. Vous aurez dans ce but pondu un bébé regorgeant de notions bien ronflantes et pompeuses, afin d'en mettre plein la vue à des parents d'élèves tellement impressionnés qu'ils n'oseront pas poser de questions, par peur du ridicule.

Si vous préparez, par exemple, un séjour au nord de l'Angleterre, entre Manchester et Liverpool, évoquez donc une découverte des sites choisis « à travers un prisme tour à tour historique, culturel et populaire ». Ou votre intention de focaliser, conjointement avec votre collègue d'arts plastiques, l'attention des élèves « sur l'influence de la révolution industrielle sur l'architecture en milieu urbain et la place néanmoins dévolue à l'humain dans la cité ». Ce qui permet, en outre, de faire le lien avec le programme d'histoire de vos élèves de troisième. Pas mal, non ?

Naturellement, l'aspect linguistique ne sera pas négligé puisque les élèves « pourront mettre à profit leur immersion dans un bain à la fois culturel et linguistique pour privilégier une communication authentique, à base d'expression libérée. Ces échanges pratiqués autour de moments clés de la vie quotidienne des familles d'accueil

1. C.A. : Conseil d'administration.

devront permettre aux élèves de vérifier, en situation, l'acquisition des stratégies de communication qui ont fait l'objet d'un transfert avéré en classe, tout au long de l'année. »

Attention toutefois à ne pas écœurer les délégués de parents d'élèves qui doivent, je le rappelle, approuver le projet au C.A. afin que vous puissiez commencer à recruter. Simplifiez-leur la tâche en leur rappelant simplement que le meilleur moyen de réaliser des progrès dans une langue est de se rendre dans le pays de la langue précisément étudiée. Et que votre projet combine habilement visites touristiques – il ne faut pas en avoir honte – et focalisation linguistique.

En fait, il faut trouver un juste équilibre entre intéressant, pédagogique, ludique et attrayant. Si vous avez la main un peu trop lourde, côté pédagogie et culture, vous risquez de vous retrouver avec vingt-neuf inscrits, grand maximum, et le beau bébé se retrouvera mort-né. Si, au contraire, votre programme ressemble à un catalogue des parcs d'attractions du Royaume-Uni, ou d'ailleurs, on stigmatisera votre manque de sérieux. Alors, si vous voulez voyager loin, efforcez-vous de ménager judicieusement la chèvre culturelle et le chou récréatif.

Autre problème épineux : le « quartier libre ». Officiellement, celui-ci est interdit par les textes. Les élèves doivent, à tout moment, se trouver sous votre surveillance et celle des autres profs – les accompagnateurs. Pas question de laisser des enfants qui ne sont pas les vôtres baguenauder nonchalamment dans ces quartiers étrangers infestés d'autochtones agressifs qui n'attendent qu'une chose – que vous ayez le dos tourné pour se jeter, le couteau entre les dents, sur vos élèves afin de les détrousser ou de les violenter dans quelque allée sombre.

Vous devrez, cependant, trouver un compromis pour réussir à mener le projet à bien. Après tout, le shopping, c'est quand même ce qu'attendent vos élèves ! Les musées, les cathédrales, les paysages grandioses, tout ça, ils veulent bien supporter, à condition que vous leur accordiez un peu de temps libre pour dépenser leurs espèces sonnantes et trébuchantes en souvenirs à forte connotation culturelle : bombes aérosols pour se teindre les cheveux dans le car, coussins péteurs, fausses cigarettes... (en sixième ou cinquième), T-shirts aux inscriptions et motifs outranciers, CD « introuvables en France » – sauf dans n'importe quelle FNAC –, gadgets en rapport avec le dernier *blockbuster* américain sorti sur les écrans français, etc. (pour les quatrièmes et troisièmes).

Entretenez un flou artistique autour de cette question du shopping. Utilisez-la comme une arme de dissuasion : « Tenez-vous à carreau pendant la visite, sinon pas de quartier libre ! » Mais évitez d'annoncer d'emblée qu'il ne sera pas accordé une minute à l'achat de souvenirs, quels qu'ils soient. Car n'oubliez pas que vos accompagnateurs emportent eux aussi une liste d'articles à acheter pour conjoint et enfants.

Dans un monde idéal, les candidats au voyage se presseront à la porte de votre salle, vous harcèleront de leur enthousiasme sitôt la récréation annoncée par la sonnerie tonitruante crachée par les haut-parleurs du couloir. Vous ne saurez plus où donner de la tête. En plus, vous êtes tellement populaire que tous les élèves veulent partir avec vous plutôt qu'avec l'affreuse Mme Broccoli, la prof d'italien qui ne jure, depuis dix ans, que par la tour de Pise et le Colisée. Bref, vous allez devoir refuser du monde. Comment faire ?

D'abord, établir des critères de qualité vous mettant à l'abri des importuns et des fauteurs de troubles. C'est vrai, votre collègue Pierre-Marie, trente-trois ans de « maison » au compteur vous a prévenu :

« Je te préviens : surtout, n'emmène pas Bouchetrolles. C'est un fouteur de merde de première, je le sais, je l'ai emmené à Canterbury il y a deux ans – il n'était qu'en sixième à l'époque. Eh ben, on a dû aller au poste à cause de ce petit con ! L'avait piqué un porte-clés dans un magasin de souvenirs... Méfie-toi s'il vient te voir avec son sourire de faux-cul et son chèque. Méfie-toi !... »

Vous pouvez toujours hypocritement décréter que chaque élève inscrit devra faire ses preuves tout au long de l'année scolaire et que, à défaut, vous vous réservez le droit de l'exclure du voyage et de le remplacer par un autre, plus méritant.

Vous risquez cependant de vous heurter à l'intervention du Principal, qui pourrait trouver cet ostracisme d'un goût douteux et mettre son veto à votre doux rêve de n'emmener que la crème de la crème dans votre bus grand confort. Il vous rappellera que « les voyages doivent être ouverts à tous », que « le collège a également une mission sociale, en plus de sa mission pédagogique », et qu'en désirant pratiquer une telle sélection, « vous allez à l'encontre de tous les principes républicains qui m'animent, moi personnellement, et d'ailleurs vous feriez bien de réfléchir au traumatisme que pourrait provoquer chez un élève déjà singulièrement défavorisé, scolairement et socialement, l'exclusion d'un tel voyage ».

Avouons-le, il n'aurait pas tort. Et que rétorquer s'il ajoutait que « les voyages sont le moyen pour les moins fortunés de sortir un peu de leur environnement et de s'enrichir culturellement » ? Hum ? Rien, évidemment.

De toute façon, il est de plus en plus rare de disposer d'une liste d'attente qui vous permettrait de procéder à ce genre de manipulation.

Alors, faites-vous une raison. Si le petit Bouchetrolles a envie de découvrir l'Angleterre au mois de mai, c'est bien sûr pour faire du shopping, mais aussi parce que, quelque part, il a envie de voir à quoi ça ressemble d'être dans une autre famille. Des Rosbifs, en plus ! L'inconfort linguistique auquel il sera probablement soumis – vu sa moyenne de 6 sur 20 aux deux premiers trimestres – lui fait bien un peu peur, mais ses potes Manu et Rémi seront là pour l'aider. Et puis, vous avez l'air sympa...

Pesez bien le pour et le contre avant de vous engager dans un tel projet. Avez-vous les épaules suffisamment larges pour dompter le fauve Bouchetrolles une fois que vous l'aurez sorti de sa cage ? Croyez-vous qu'il soit possible que se produise un déclic, une fois sur place, en Angleterre ou ailleurs ? Non pas le genre de miracle qui amènerait sa moyenne à 16 au troisième trimestre, mais plutôt une prise de conscience. Une fenêtre entrouverte sur un possible auquel il a pour l'instant tourné le dos : l'accès à l'inconnu, une culture différente de la sienne – mais qui exige de sa part quelques efforts s'il veut en saisir certaines nuances.

Imaginez un instant l'immense plaisir que vous ressentirez en découvrant Bouchetrolles sans cet air éternellement renfrogné et boudeur qu'il affiche dans vos cours. Bouchetrolles se promenant, avec un sourire d'une oreille à l'autre, dans les travées du stade de Manchester United, demandant à Manu : « Quoi ? Qu'est-ce qu'il a dit, là, le guide ?... Ah ouais ? Quarante mille abonnés ? La vache !... »

Si vous vous lancez dans l'entreprise, vous y passerez des heures : à copier des listes d'élèves, vérifier la signature sur les chèques, la validité des papiers d'identité, passer des coups de fil à l'organisme que vous avez choisi, proposer aux parents les moins fortunés des aides afin qu'ils ne renoncent pas à envoyer leur enfant en Angleterre ou en Espagne...

Vous aurez parfois envie de tout laisser tomber, mais tenez bon. Le jeu en vaut la chandelle.

D'ailleurs, vous le savez bien. Vous vous appelez justement Bouchetrolles et c'est un voyage en Toscane, quand vous étiez en quatrième, qui vous a donné l'envie de devenir le prof d'italien que vous êtes aujourd'hui.

24

L'inspection

Cela commence par une rumeur.

« Il paraît qu'ils vont se faire inspecter en maths. C'est Lenoir qui a entendu la secrétaire. Ce serait pour la semaine prochaine... »

Vous éprouvez tout à coup quelque difficulté à avaler votre salive. C'est que Pythagore est votre meilleur ami. En dépit du ton de comploteur utilisé par votre pudique collègue, vous avez tout entendu et vous précipitez à pas lents – parce que vous croyez porter désormais la marque de l'infamie, du maudit, et tout le monde vous suit des yeux – vers votre casier. Le petit papier est bien là : feuillet A5 utilisé par la Direction pour ventiler les notes de service qui ne concernent que quelques profs. Et vous en êtes !

C'est confirmé ! M. Dellamorte viendra vous « rendre visite » le 14 avril, de dix heures à onze heures, pour assister au cours que vous donnerez aux 5e 3.

« Pas les 5e 3 ! » vous lamentez-vous d'emblée, sous le regard interloqué de la vieille Mme Kramer qui ne comprend pas pourquoi vous avez l'air si paniqué – et si pâle.

Puis survient le deuxième effet *Kiss-cruel* :

« Le 14 avril ?... Mais c'est lundi prochain, ça ! Dans quatre jours !... C'est pas vrai ! Et en 5e 3, en plus !... »

Seul dans la salle des casiers, vous relisez le feuillet, incrédule, et pourtant de plus en plus résigné avec chaque seconde qui passe, qui enfonce, avec l'obstination d'un marteau-pilon, l'information dans ce crâne qui paraît sur le point d'exploser tout à coup. Aucun prof ne prend l'initiative de venir troubler ce grand moment de solitude. On ne sait jamais, ça pourrait leur porter la poisse ; en physique-chimie, ils n'ont pas été inspectés depuis sept ans au moins...

Puis les questions éclatent, innombrables, dans votre cerveau meurtri, comme autant de bulles acides qui semblent paralyser vos neurones déjà passablement éprouvés :

« J'en suis où avec les 5e 3 ? Quand est-ce que je les revois ? Demain ? Plus qu'une heure avec eux avant l'inspection ! Est-ce que je les briefe ou je leur laisse la surprise ? Et mon cahier de textes ? Il est à jour ? Merdeeeuuu !... »

En clair, vous êtes sur le point de passer un mauvais week-end – et le fait que ce soit la même chose pour vos collègues de maths ne change rien à l'affaire.

De retour chez vous le soir, vous avez eu le temps de digérer l'information. Et de vous raisonner. Un peu.

Vous faites le point. Vous savez que vous faites du bon boulot, dans l'ensemble. Pas de miracles, mais vous parvenez généralement à faire progresser vos élèves, chacun à son niveau. Petit à petit. Bon, dans certains cas, c'est vrai, ça ne saute pas aux yeux ! Mais enfin, on fait son possible.

Le cahier de textes ? Finalement, vous n'aviez qu'une semaine de retard, soit quatre heures de cours. Vous vous êtes mis à jour. Ça, c'est fait.

En fin de compte, vous avez décidé de prévenir vos élèves. En leur précisant bien qu'un inspecteur venait *les* voir. Vous, vous n'êtes pour rien dans l'histoire. Ce genre de choses arrive de temps en temps, allez, ne vous en faites pas les enfants, tout va bien se passer.

Lundi 14 avril.

Bizarrement, vous n'êtes pas descendu en salle des profs pour votre cappuccino habituel. Aux collègues qui s'étonnaient de votre absence, d'autres ont répondu à mi-voix que vous étiez inspecté juste après, alors...

Vous allez chercher vos élèves dès que retentissent les premiers accords de la sonnerie indiquant la fin de la récréation. Pile à l'heure. Et en ignorant la petite voix intérieure qui s'étonne avec perfidie de cette ponctualité inédite.

La cour. Les 5e 3... Ça va : ils sont rangés devant le numéro de la salle. Tiens ! Morel est absent. Pas une mauvaise chose, ça. Enfin, s'il n'est pas allé se planquer sous le préau avec l'intention de débarquer en cours dix minutes après tout le monde, comme un éléphant dans un magasin de porcelaines.

Montée en classe. Pour l'instant, les couloirs sont encore pratiquement déserts. Comme vous d'habitude, vos collègues sont encore en salle des profs, qui terminent sans hâte leur café. (« De toute façon, le temps qu'ils se rangent... »)

Vous parvenez au palier. Il est là. Ombre dans la pénombre. Silhouette filiforme – *vampiresque*, pensez-vous dans un sursaut de panique – à côté de laquelle se profile celle de Mme Lehouck, votre Principal. Chère Mme Lehouck. Si seulement elle pouvait rester. Assister à votre cours en compagnie du vampire. Son allure potelée évoque tout à coup une salvatrice gousse d'ail qui vous permettrait de...

Les lumières du couloir qui renaissent à la vie éclairent les murs et les deux silhouettes. Mme Lehouck et M. Dellamorte, l'I.P.R. de maths. *Dellamorte !* Vous avez fait italien deuxième langue, vous savez ce que ça veut dire et, un court instant, vous voyez dans le patronyme un mauvais présage ! Malgré tout, il est temps d'enfiler votre masque d'assurance. *Que le spectacle commence !*

Bonjour et poignée de main courtoise avec l'Inspecteur. Qui n'a pas l'air si terrible, après tout.

Se méfier des apparences, de l'eau qui dort, tout ça...

Vous veillez à ce que les élèves se rangent bien le long du mur avant de les inviter à entrer en classe, en ponctuant leur calme progression de « Chuuut » qui se veulent autoritaires et sereins à la fois mais qui, surtout, sont inutiles, vu que la jeune troupe ne pipe mot, apparemment aussi impressionnée que vous par le vampire transalpin.

Après quelques secondes, vous parvenez à oublier suffisamment la présence de l'intrus pour assurer votre cours. Les élèves, sympas, s'efforcent de lever la main. Finalement, Morel est vraiment absent, quelle aubaine ! Mais pas le petit Kaczynski qui fait feu de tout bois et enfile les bonnes réponses comme Platini les buts lors de l'Euro 84 ! Vous tempérez l'enthousiasme du petit prodige : vous devez faire en sorte qu'un maximum d'élèves participe. Finalement, ils ne sont pas mal, ces

5e 3... Peut-être que vous aviez été injuste avec eux, en les cataloguant trop vite comme des mollassons qui n'arriveraient jamais à grand-chose.

Sonnerie de fin de cours. Un silence relatif subsiste pendant quelques secondes, le temps de noter le travail à faire pour le lendemain. Puis la jeune troupe se lève et s'ébranle, apparemment aussi soulagée que vous. Certains vous adressent un regard, un sourire, où se lit de la complicité. Lancent un « Au revoir, m'sieur ! À demain ! » avec un enthousiasme qui ne s'était encore jamais manifesté depuis septembre.

Vous les enviez car pour vous l'épreuve n'est pas terminée. On a libéré la classe que vous deviez avoir à onze heures afin que puisse avoir lieu le rituel entretien entre l'I.P.R. et vous.

Le vampire a rassemblé ses affaires, qu'il a remisées dans sa serviette de cuir noir. Il se lève et enfile son long pardessus sombre. S'avance vers vous avec, sur le visage, un air indéchiffrable.

Tentative de déstabilisation, vous dites-vous. Vous êtes convaincu que le cours a « bien marché », dans l'ensemble. Pas le cours parfait, non, mais ce fut loin d'être un cours raté. Non, plus vous y pensez – alors que vous fourrez rapidement et dans le plus grand désordre vos affaires dans votre serviette – et plus vous vous dites que ce n'était pas mal. Pas mal du tout, même...

Vous osez un sourire, ni trop, ni trop peu, à l'adresse de M. Dellamorte et l'invitez à vous suivre en direction de la salle de réunion où va avoir lieu l'entretien.

En route, quelques banalités sont échangées pour combler le vide, dissimuler ce malaise qui ne vous a quand même pas complètement déserté.

— C'est une classe intéressante...

— Oui, c'est vrai. Hétérogène, bien sûr. Mais il y a une bonne ambiance de classe, qui permet de bien travailler.

— Vous êtes dans le collège depuis longtemps ?

— C'est ma troisième année ici. Avant, j'exerçais à L., au collège Jacques-Prévert...

— Ah.

— Voilà. C'est là. Je vous en prie...

Et vous vous effacez devant le vampire, avec l'envie irrésistible de claquer sur lui l'antique huis et de prendre vos jambes à votre cou.

Bien sûr, vous le suivez à l'intérieur et refermez délicatement derrière vous la porte de la salle de réunion. Vous êtes seul avec M. Dellamorte, sans les élèves pour vous soutenir et vous donner du courage. En dépit de vos efforts muets pour vous raisonner, vous débarrasser de cette infantilisante obséquiosité qui s'ingénie à venir endimancher le moindre de vos propos, vous vous asseyez en face de lui et attendez qu'il prenne la parole. L'image d'un accusé à la barre vous traverse furtivement l'esprit.

L'entretien commence.

« Alors, monsieur Sanchez, pensez-vous que votre cours ait bien fonctionné ?... »

Dès cet instant, la plus grande prudence est de mise. Vous marchez sur des œufs, le terrain est miné et une déflagration peut vous arracher la jambe au moindre faux pas.

D'abord, n'oubliez pas qu'un I.P.R. est une personne qui n'enseigne pas / plus, mais dont le rôle est de donner son avis sur la question et de prodiguer moult conseils avisés en matière de pédagogie de la réussite. Le paradoxe est grand, mais le prof est néanmoins contraint d'acquiescer quoique lui dise l'Inspecteur car ce dernier va le noter – et, on le sait, un Inspecteur n'aime pas voir son autorité discutée. C'est vrai, il n'aime pas. Ça le froisse. Il n'y peut rien, c'est comme ça.

Vous répondrez donc à la question initiale en quelques mots, en essayant de faire preuve de distance critique vis-à-vis de votre prestation, en veillant bien toutefois à ne pas vous tirer une balle dans le pied.

Très vite, l'I.P.R. reprendra la main et énoncera en un court résumé l'impression d'ensemble qu'il conserve de votre cours, ce qui a fonctionné et ce qui demande à être amélioré. Vous devez, quelles que soient les circonstances, garder néanmoins à l'esprit qu'il y aura toujours quelque chose à redire à votre cours. Toujours.

Imaginez un instant...

« Vraiment, votre prestation était exemplaire, monsieur Sanchez. Je n'ai rien à ajouter. Absolument rien à redire, sinon que nous avons besoin de gens tels que vous à l'I.U.F.M., des gens qui puissent transmettre à leurs collègues le savoir-faire dont vous venez de faire preuve pendant une heure avec vos élèves de cinquième. Cette passion qui vous anime !... Cette fièvre qui semble vous étreindre quand vous enseignez !... Vos compétences pédagogiques sont précieuses, monsieur Sanchez, vous devez en être conscient. Aussi, vous pouvez compter sur moi pour rédiger un rapport d'inspection tout à fait dithyrambique. Vous n'avez aucun souci à vous faire concernant votre note. Elle sera à l'image du cours auquel j'ai eu le privilège d'assister ce matin : excellente. »

Voilà. On se réveille, maintenant !... C'est bon ? Sûr ?... Alors, reprenons.

La multiplication de telles louanges signifierait la disparition programmée du corps des inspecteurs. Heureusement pour eux la réalité est sensiblement différente.

À moins que votre cours ait été particulièrement catastrophique et qu'il se soit agi d'une inspection devant valider votre intégration dans le corps des professeurs certifiés – ou agrégés –, vous ne risquez pas grand-chose. Souvenez-vous : vous êtes fonctionnaire. Dans ce contexte, la mission de l'Inspecteur se borne à constater que vous faites correctement votre boulot, avec plus ou moins de sérieux et d'application et un savoir-faire qui demeurera perfectible jusqu'au matin de votre départ en retraite.

Aussi, l'exercice de style qu'est cet entretien consiste à jouer le jeu. En essayant, si possible, de vous sortir du rôle dans lequel le vampire – ou la hyène, s'il s'agit d'une femme – essaiera de vous confiner. Ce n'est pas de sa faute, cette personne est très proche de vous, au fond : elle ne fait que son métier !

Donc, soyez gentil et répondez à ses questions. Si on vous demande d'énumérer vos points forts et vos points faibles, faites plaisir à l'Inspecteur, exécutez-vous.

Lorsque l'on possède quelques années d'expérience, il n'est pas interdit de faire preuve d'un minimum de décontraction – l'arme de ceux qui détiennent le pouvoir. Transformez l'interrogatoire en conversation professionnelle, dans laquelle vous avez la main autant que votre interlocuteur, en alternance. Et sur un pied d'égalité. Sans faire preuve d'impudence, de forfanterie –

malgré son apparence animale, l'I.P.R. demeure votre supérieur hiérarchique, alors n'abusez pas –, refusez d'être infantilisé par cette situation dans laquelle vous place périodiquement l'Institution. De toute façon, ce moment désagréable – on a beau dire, le stress est là, rien n'y fait – demeure assez rare dans la carrière d'un prof.

Enfin, l'I.P.R. mettra un terme à l'entretien, ponctuant sa conclusion d'ultimes paroles rassurantes, mais sans jamais révéler directement la fameuse note évoquée plus tôt. Vous retournerez alors en salle des profs pour rejoindre vos collègues avant de vous rendre à la cantine pour une pause bien méritée. Et là, le premier mot qui vous accueillera sera toujours le même, que vous exerciez en collège ou en lycée, dans le nord ou le sud de la France. Des mots très simples, quasiment rituels :

« Alors ?... »

Tous les regards seront tournés vers vous, mêlés d'inquiétude et de bienveillance, un peu comme si vous étiez atteint d'un cancer avancé et que vous sortiez de votre première séance de chimiothérapie.

Vous les rassurerez alors sur votre état de santé – de toute façon, même lorsque l'inspection s'est mal passée, on ne le crie pas sur tous les toits – et essaierez de vous fondre à nouveau dans la masse afin d'oublier cette parenthèse pénible.

Mais si l'exercice vous plaît, car il flatte votre ego, par exemple, vous pouvez toujours prendre les devants et solliciter une inspection, afin d'accélérer votre avancement dans la carrière.

Un conseil, toutefois : n'agissez de la sorte que si vous vous fichez éperdument de vous mettre à dos tous les collègues de votre matière qui, eux, vivent très bien sans la visite des inspecteurs et auraient à subir, par votre empressement, le même sort que vous. La morsure du vampire ou les crocs de la hyène.

Car votre cote de popularité pourrait alors subir une chute aussi soudaine que vertigineuse.

25

Les spécimens

À partir du troisième trimestre, les profs commencent à ressentir une lassitude certaine. Celle-ci est assez compréhensible, n'en déplaise à ceux qui ne le sont pas – profs. En effet, vers avril, on peut se dire que « l'année est jouée ».

Pour les « bonnes » classes, pas de problème : il y aura, pour l'immense majorité des élèves, passage dans la classe supérieure, les cours se déroulent dans une ambiance fructueuse et conviviale à la fois, faite d'échanges et d'envie. Dans les autres divisions, plus moyennes ou carrément difficiles, le constat est autrement plus amer, mais on n'y peut plus grand-chose. Chacun sait, des deux côtés du bureau, que les dés sont jetés. Les victimes du système se disent que ceux-ci étaient pipés dès le départ, que rien n'est de leur faute, que les profs sont toujours sur leur dos, etc.

Dès le mois d'avril donc, tous les protagonistes de la vie au collège sentent que l'écurie est proche et on expédie les affaires courantes. On termine le programme. En troisième, on s'attelle, dans les matières concernées par le Brevet, aux révisions d'usage, harassantes séries d'exercices, bachotage avant l'heure qui doit permettre à chacun d'appréhender le premier examen de sa courte existence dans une relative décontraction. C'est mal connaître les élèves puisque la majorité ne ressent aucun stress. Le Brevet qui arrive, c'est le dernier coup de collier avant les vacances et la liberté retrouvée. D'ailleurs, vu l'état d'angoisse de certains profs à l'approche de l'échéance, on jurerait que ce sont eux qui doivent se plier à cet examen qui n'a, en réalité, rien d'un épouvantail.

Donc, c'est le troisième trimestre. Les journées rallongent, le soleil est de plus en plus présent. On a remplacé les anoraks par les vestes légères, les pulls par des polos. Les cravates se font encore moins nombreuses qu'à l'accoutumée.

Mais le signe indéniable que la fin de l'année approche, c'est l'arrivée des spécimens.

Soucieux de pérenniser leur implantation dans les établissements scolaires, les éditeurs envoient dans les collèges et les lycées nombre de manuels nouvelle génération, qui sont censés être la relève souhaitée par toute la salle des profs.

La lettre personnalisée qui accompagne ces spécimens vous explique que ces quelques grammes de carton et de papier que vous tenez entre vos mains encore pleines de craie sont le résultat de recherches pédagogiques de longue haleine. Ces spécimens se veulent bien évidemment en harmonie avec les « nouveaux programmes [1] ».

---

1. On dirait d'ailleurs que les cabinets ministériels et les éditeurs travaillent main dans la main, les « nouveaux programmes » intervenant en moyenne tous les cinq à six ans,

Ils sont attrayants, pleins de couleurs chatoyantes. Bref, il est difficile de leur résister.

Le fait qu'ils parviennent aux profs en « fin d'année » n'est pas anodin. Bien sûr, cela correspond à des impératifs rédactionnels et d'impression. Mais il existe également un paramètre psychologique dont tiennent compte les éditeurs.

Vers avril-mai, les profs commencent à en avoir plein le dos. Cette petite distraction tombe alors à pic pour tenter de leur redonner courage et envie, voire le goût de se remettre à plancher sur de nouvelles préparations en vue de la prochaine rentrée scolaire.

C'est vrai, le premier geste du prof qui reçoit un spécimen est d'arracher avec des doigts étrangement fébriles le plastique qui protège l'objet. Les narines assaillies par le parfum du papier neuf, le prof ne peut s'empêcher de feuilleter le livre, sans s'intéresser à son contenu pédagogique bien sûr. Juste le feuilleter, admirer photos ou graphiques, mise en page et organisation des chapitres. C'est un peu Noël avant l'heure.

Le phénomène ne dure pas. L'appel de la machine à café demeure le plus fort à dix heures et la chose rejoint l'obscurité du casier où elle avait atterri quelques minutes plus tôt, par la grâce d'un documentaliste zélé.

D'ailleurs, en fonction de la personnalité et de la manière de travailler de ce dernier, les spécimens ne sont pas systématiquement remis aux profs destinataires. Certains documentalistes, qui s'ennuient un peu tout seuls

---

ce qui représente, peu ou prou, la durée de vie d'une « collection ». Passé ce délai, celle-ci a généralement grand besoin d'être remplacée, vu l'état des manuels.

dans leur C.D.I.[1], préfèrent afficher une note en salle des profs, invitant chacun à venir retirer ses spécimens directement à la source.

Hélas pour eux, les spécimens ont ceci en commun avec certains animaux domestiques qu'ils finissent bien souvent abandonnés de leurs maîtres. L'enthousiasme initial évanoui – cinq minutes –, le maître se désintéresse du sort de son compagnon, préférant la frivolité des relations avec ses collègues, avec la machine à café ou la photocopieuse.

C'est ainsi que se joue un drame silencieux, dont personne n'a conscience en dehors de cet univers réellement impitoyable qu'est l'Éducation nationale. Dans la France entière, des milliers de spécimens sont lâchement abandonnés sur les étagères des C.D.I. Se desséchant au fil des ans, ils dépérissent à vue d'œil ; leurs couleurs chatoyantes s'affadissent, le jaune éclatant des jours heureux pâlit à faire peur, les rouges deviennent marronnasses. La fin est proche.

Heureusement, il existe, parmi les profs, des sortes d'Indiana Jones des collèges, archéologues sans chapeau ni fouet qui œuvrent pourtant pour la sauvegarde de ces trésors oubliés. Ces explorateurs des rayons empoussiérés des C.D.I. sont les stagiaires I.U.F.M.

Contrairement à beaucoup de profs, eux sont encore pleins d'enthousiasme et prêts à adopter plusieurs des

---

1. Le C.D.I. constitue le lieu de détention du documentaliste, qui arpente les rayons de sa geôle comme les prisonniers leur cour grillagée. Au contraire de ces derniers, il peut néanmoins quitter sa cellule plusieurs fois par jour et rentrer chez lui le soir venu.

spécimens échoués là. Ils en chargent leurs bras juvéniles, ploient parfois sous le poids de leur fardeau et éternuent lorsque la poussière des ans s'attaque à leurs narines. On les voit qui hantent les couloirs, armés de cartons à ramettes vides, récupérés auprès de la secrétaire d'intendance, afin d'en faire des nids où pourront venir se blottir quelques-uns des ouvrages qu'ils ont sélectionnés.

C'est sans un regard pour les sourires narquois de collègues blasés et goguenards que les stagiaires I.U.F.M. traversent la salle des profs en direction du coffre béant de leur Fiat Panda ou de leur Citroën AX branlante. Ils marchent droit, la tête haute, le menton calé contre le couvercle de la boîte, évitant les obstacles qui se dressent sur leur passage, avec cette démarche particulière caractérisant le déménageur amateur.

Pourquoi tant d'enthousiasme pour ces vieux livres ? C'est qu'on leur a dit, à l'I.U.F.M., qu'il était de leur devoir d'aller piocher à droite, à gauche, la matière première de leurs cours – les « supports » – plutôt que de suivre bêtement, servilement, paresseusement, un seul manuel qui leur ferait gagner du temps [1]. On les met en garde contre la tentation de devenir un « opérateur zélé », sorte de bras armé des éditeurs qui se contente de suivre la progression d'un manuel sans jamais la remettre en question.

---

1. Le professeur stagiaire I.U.F.M. doit souffrir l'année de son stage de qualification professionnelle, il n'est pas question de se reposer sur des lauriers à peine sortis de terre. Le sentiment de culpabilité des stagiaires I.U.F.M. constitue un terreau abondamment utilisé par les formateurs de l'Institution.

Bienvenue en salle des profs !

Dans la mesure où les éditeurs se targuent de travailler en étroite collaboration avec le Ministère, on pourrait s'étonner de les voir ainsi dénigrés par certains membres influents de l'Institution. Mais, nous l'avons déjà vu à maintes reprises, le monde de l'Éducation n'est pas à un paradoxe près...

26

La Note administrative

Dans la vie, il faut savoir donner et recevoir. Il est donc logique qu'un prof qui est payé pour mettre des notes en reçoive lui aussi de temps en temps. Cela se passe, comme nous l'avons vu, par le biais de la visite épisodique de l'I.P.R., mais aussi, de manière plus fréquente, par celui de la Note administrative qui, elle, revient chaque année, un peu comme le printemps – d'ailleurs, c'est généralement à cette période qu'elle fait son retour dans la vie des profs.

Pour quelqu'un qui travaille dans le secteur privé, il est sans doute plus aisé de déterminer des critères permettant de juger de la qualité du travail accompli. Il sera essentiellement question de productivité – pour ceux qui vaquent à l'usine – ou de chiffres de vente – pour ceux qui œuvrent dans le commerce. Bien sûr, on recourt également dans le monde de l'entreprise à d'autres paramètres plus précis, mais cet aspect n'a que peu de rapport avec le domaine qui nous intéresse ici, aussi passerons-nous notre chemin afin de nous focaliser sur l'univers étrange des profs.

Comment estimer la qualité du travail fourni par un

prof ? La « Notice Annuelle de Notation Administrative » répond à cette question.

D'abord, il y a la partie « croix ». Elle ne demande pas, de la part du Principal – dont le rôle consiste notamment à noter ses profs –, un immense travail de réflexion, puisqu'il s'agit de cases à cocher.

Les trois catégories sont les suivantes : ponctualité / assiduité ; activité / efficacité ; autorité / rayonnement. À l'intérieur de ce cadre, le prof est noté dans une fourchette allant de TB à M [1]. L'Administration possède un sens de la pudeur assez développé et le fonctionnaire qui vient prendre connaissance de sa note administrative n'a pas besoin de subir une agression visuelle en plus du coup de canif parfois infligé à son amour-propre.

Pour le profane qui se penche sur cette grille de notation, la plupart des termes utilisés paraissent clairs. En lisant « ponctualité / assiduité », on imagine qu'il s'agit de faire le bilan annuel des absences ou des retards accumulés – ou non – par le prof concerné. « Activité / efficacité » éveillent en chacun d'entre nous des réflexes conditionnés évoquant le rideau de fer d'avant la chute du mur de Berlin, les kolkhozes et les sovkhozes, ce genre de choses. À ce propos, on peut toutefois se demander comment procède le Principal pour évaluer l'activité d'un prof, alors qu'il n'assiste à aucun de ses cours ? Faut-il, pour se faire remarquer et paraître actif, courir

1. L'ordre décroissant est : TB, B, AB, P, M. On devine aisément le sens des trois premières appréciations, voire de la quatrième (« Passable »). Le « M » signifie très probablement « Mauvais ». Tout prof se voyant attribuer une telle appréciation devrait songer à se reconvertir.

en tous sens dans les couloirs, agiter les bras, parler fort, bref, « se montrer », pour donner l'impression qu'on travaille ? Mystère...

Le mot « autorité » ne pose pas de problème particulier. C'est plutôt celui qui lui est adjoint qui soulève, chez le prof qui s'intéresse à la question, un sourcil interrogateur. « Rayonnement » ?

Voici la définition que donne le *Petit Robert* de ce mot qui devient étrange lorsqu'il est accolé au métier de prof : « *Fig.* (1869). Influence heureuse, éclat (*fig.*) excitant l'admiration. »

Diantre ! Voilà qui n'est pas fait pour rendre à certains profs la modestie de leurs débuts – d'autant que les statistiques précisent que la majorité des profs s'en sort avec un triple TB dans cette partie. On « rayonne » donc dans les collèges de France !

En outre, les exemples cités à la suite de cette définition ne sont pas non plus faits pour dégonfler certaines chevilles :

« Un extraordinaire rayonnement émanait de tout son être » (Gide). « Le rayonnement de sa présence » (Loti).

Comme ils y vont ! Chaque prof en activité ayant obtenu TB à cette rubrique cruciale a-t-il seulement conscience du danger réel qu'il représente pour ses élèves, risquant à chaque instant de les rendre aveugles, juste en paraissant devant eux ?

Imaginez la scène : c'est un froid matin de décembre, il est huit heures, le jour ne s'est pas encore levé, les ténèbres occupent le ciel et la cour environnante. Tout à coup, Mme Debacker apparaît dans le hall, franchit la porte à double battant pour aller chercher ses élèves et alors... *un extraordinaire rayonnement émane soudain de tout son être !* Éblouis, les élèves reculent de plusieurs pas, une crainte respectueuse leur noue les entrailles et ils se prosternent devant la divinité à la sacoche marron...

C'est quasiment *Rencontres du troisième type* sous les préaux, *Cocoon* au bahut !... Et celui qui ne rayonne pas, alors ? Que devient-il, lui ? *La Créature des marais ? Le Monstre des abysses ?...*

Puisque nous avons pris le parti ici d'être clair et de décrypter la réalité, disons-le tout net : rayonner, c'est savoir se montrer, ne pas se résoudre à bien travailler dans son coin, avec une conscience professionnelle exacerbée, mais qui ne vous empêche pas de conserver le sens de la mesure. Rayonner, c'est communiquer, faire savoir, se mettre en avant, quitte à faire de l'ombre aux autres. Dans les collèges et les lycées, on aime bien les paillettes, aussi. Et, en cette époque où la communication fait loi, malheur à celui qui ne s'adapte pas ! La concurrence de l'enseignement privé est rude, aussi faut-il mener des opérations de communication prouvant que dans les établissements publics aussi, on travaille efficacement. Et on le prouve !

Ainsi se multiplient les Portes ouvertes, représentations chorales, théâtrales ou de cirque, menées de main de maître par des profs qui sont heureux de rayonner devant des parents extatiques. On fait jouer les élèves – en français, en anglais, tout y passe –, les parents applaudissent et la prof verse une larme car l'émotion, n'est-ce pas, est si forte de se voir ainsi plébiscitée par élèves, parents... et Direction, bien sûr. Sinon, cela ne sert à rien. Sinon, il s'agit de désintéressement et de passion, pas de rayonnement.

Bien entendu, cela ne signifie pas que chaque opération de communication est douteuse et trouve sa source dans le désir de reconnaissance personnelle des profs. Mais pour certains, c'est malheureusement de cela qu'il s'agit. S'ils savaient, les pauvres, que tout le monde ou presque obtient TB en « rayonnement »...

Mais dans « Note administrative », il y a également « Note ». Chaque prof se voit donc attribuer une note, comme lorsqu'il était encore... à l'école ! Aujourd'hui, les choses ne sont guère différentes : les chaises destinées aux profs sont aussi inconfortables que celles des élèves, la craie leur irrite toujours l'épiderme et la sonnerie rythme toujours leurs journées. Et on leur met donc des notes. Enfin, une par an – comme quoi, finalement, les choses s'améliorent pour eux.

Cette note se situe, dès le début de la longue carrière du prof, dans une fourchette aux limites bien définies, afin qu'il ne soit ni lésé, ni trop avantagé par son Principal. La fourchette en question est fonction de l'échelon sur lequel se trouve perché le prof, tel un cacatoès au plumage plus ou moins défraîchi par le nombre d'années d'enseignement qu'il a derrière lui.

La Note administrative – sur 60, alors que la Note pédagogique est sur 40 – augmente à la vitesse d'une limace au galop, cela afin que le prof ressente bien sur ses joues fraîches le doux zéphyr de la motivation. Un dixième de point par an, c'est la norme. À ce rythme, on ne risque pas d'atteindre le maximum trop vite et de mettre ainsi en péril les finances de l'État, puisque cette note influe partiellement sur la vitesse à laquelle vous changez d'échelon. Et changer d'échelon, c'est voir son salaire augmenter. Alors, un dixième par an, c'est bien.

Dans le cas où votre note stagne, vous pouvez solliciter un rendez-vous auprès de votre Principal afin de lui demander des explications. Mais généralement ce sera en pure perte, votre chef n'ayant pas l'impression de vous léser beaucoup en ne vous octroyant pas ce dixième de point pour lequel vous faites tant d'histoires. Vous pouvez alors saisir le Rectorat et lui faire part de votre émoi, en usant d'arguments tels que :

« Je suis au neuvième échelon et ma note administrative est de 39,10, ce qui la situe dans le bas de la fourchette pour cet échelon. En effet, la note moyenne après deux ans d'ancienneté dans cet échelon est de 39,40. Je demande donc à ce que ma note soit réexaminée afin de correspondre à ce à quoi j'ai droit, nom d'une pipe !... »

Vous brûlerez beaucoup d'énergie à pinailler ainsi et passerez aux yeux de votre chef – qui ne manquera pas de prendre un air navré devant votre entêtement – pour un chipoteur de première classe. Un petit joueur. Cela vaut-il vraiment la peine ?

En plus des cases cochées et de la note, le document qu'on vous présente une fois par an comporte une appréciation sur votre travail dans l'établissement. Ne vous attendez pas cependant à beaucoup d'originalité. Il n'est pas rare de se retrouver deux ou trois années de suite avec la même phrase, à un ou deux mots près.

De toute façon, à moins de faire des étincelles toute l'année et de truster à vous seul le capital « rayonnement » dévolu à votre collège, ladite phrase n'a pas beaucoup d'importance. Comme la Note administrative, elle évoluera au gré de votre carrière, sans faire preuve de beaucoup d'originalité.

Les premières années, on dira de vous que vous êtes « un jeune prof consciencieux et dévoué qui doit encore s'affirmer ». Puis, comme vous aurez gagné en expérience, en autorité, en maturité, on louera votre « sérieux » et votre « conscience professionnelle ». On vous félicitera peut-être pour votre « investissement au sein de l'équipe pédagogique[1] ». Si vous faites correctement votre boulot, l'appréciation mentionnera votre « compétence » et votre « souci d'exigence ». Lorsque se profilera la fin de votre exténuante carrière, le Principal insistera sur votre « faculté à mener à bien votre mission, avec clairvoyance et simplicité ».

Mais dans tous les cas, ladite phrase sera ponctuée par un ou deux mots qui sauront vous remettre à votre place, c'est-à-dire celle du type ou de la pauvre femme qui, malgré sa compétence, son expérience ou son autorité, n'a jamais été capable de quitter l'école. Alors, pour bien remuer le couteau dans la plaie, le Principal terminera sa petite phrase par ce commentaire laconique que vous apposez sur les copies de vos élèves lorsque le temps vous presse : « Bien » ou « Très bien ».

On pourrait se demander si certains profs ont déjà récolté « Peut mieux faire » ?...

---

1. En réalité, le jour de la pré-rentrée, ce sont vos collègues qui vous ont élu coordonnateur à l'unanimité et à votre corps défendant mais voilà, c'est votre première année dans ce collège et vous ne vouliez pas passer d'emblée pour un rabat-joie, alors vous avez accepté.

27

La Fiche de vœux

Ça y est ! Le petit formulaire jaune a atterri dans votre casier. La fin de l'année n'a jamais été aussi proche ! Pourtant, vous allez devoir vous projeter dans un futur qui vous paraît encore très lointain, c'est-à-dire la prochaine année scolaire. Vous avez moins d'une semaine pour rendre votre Fiche de vœux au secrétariat, faute de quoi la Direction considérera que vous êtes prêt à accepter n'importe quelles classes et n'importe quel emploi du temps en septembre.

Évidemment, ce n'est pas le cas. Et la fiche de vœux, avant de le propulser vers un futur incertain, permet à chaque prof d'établir un bilan de l'année écoulée.

Cette année, vous aviez majoritairement des « petits » – sixièmes et cinquièmes. Avez-vous encore envie de les entendre brailler lorsqu'ils arrivent dans le couloir, juste avant d'avoir cours avec vous ? Ou de lever malgré vous les yeux au ciel lorsque certains fondent en larmes le jour de la rentrée parce qu'on les a séparés de tel (ou telle) camarade ? Souhaitez-vous vous faire appeler « Maman » pendant les deux premières semaines ? Certes non. Vous allez peut-être opter pour des quatrièmes ou des troisièmes. Là, pas de risque qu'ils vous appellent « Maman ». Ce sera plutôt « Connard », mais dans votre dos – la témérité a ses limites.

Tout compte fait, vous avez du mal à choisir. Qu'ils soient petits ou grands, quand on est à la mi-juin, ils vous sortent tous par les trous de nez. Alors, choisir... Jambe de bois ou œil de verre ? Peste au choléra ? Fin juin, vous en êtes là.

En attendant, vous vous reportez sur la partie concernant l'emploi du temps. Enfin, non, on n'en est pas encore là dans l'Éducation nationale. Le jour où on demandera à chaque prof de mettre sur pied personnellement son emploi du temps pour l'année suivante, les cochons voleront, comme on dit outre-Manche.

Ce qu'on vous demande ici, ce sont les demi-journées pendant lesquelles vous *ne* souhaitez *pas* travailler. Ceux qui ont l'esprit mal tourné pourraient rétorquer : « Pour ça, faut que j'attende d'avoir vu mes classes, mais à mon avis, si j'ai les 3e F le vendredi après-midi, l'an prochain, j'aurai souvent envie d'être ailleurs... »

Beaucoup de profs souhaitent en priorité disposer de leur samedi matin, autrement dit terminer le vendredi soir – ou midi, soyons fous ! – et bénéficier ainsi d'un vrai week-end, comme les gens normaux. Naturellement, tout le monde ne peut être satisfait, alors certains Principaux ont recours à des manœuvres d'intimidation, qu'ils n'hésitent pas à faire figurer noir sur blanc sur la fiche de vœux distribuée à leur personnel.

C'est ainsi qu'on a pu lire, dans un collège du nord de la France, la mise en garde suivante :

« La liberté du samedi matin coûte cher. »

En caractères gras et corps de quatorze, la menace sourde peut faire trembler un prof au bout du rouleau ! Si, malgré tout, vous persistez et demandez à bénéficier de cette demi-journée rare, faites-le en connaissance de cause. Et n'allez pas vous plaindre si vous héritez par ailleurs d'un emploi du temps pourri. Après tout, vous avez obtenu votre samedi matin !...

On peut également vous demander vos motivations éventuelles pour avoir choisi telle ou telle demi-journée, cela afin de départager les requérants, sans doute. À ce petit jeu, ceux qui ont des enfants en bas âge à garder ou des possibilités d'effectuer des vacations dans l'enseignement supérieur ont plus de chances d'obtenir satisfaction que ceux qui avouent demander leur jeudi après-midi pour aller baguenauder dans les pâturages.

Aussi, poussez le vice jusqu'à évoquer – pourquoi pas ? – votre souhait de préparer un concours ou de travailler à votre thèse. Cela accroîtra votre prestige auprès de votre chef et vous permettra peut-être d'aller en toute quiétude vous faire une toile ou rejoindre cet ami avec lequel vous partagez une passion pour les échecs, le billard ou les *war-games*.

28

Le Brevet

À la fin du mois de juin survient l'aboutissement de l'année scolaire des élèves de troisième. On leur en a parlé depuis septembre, ils l'ont préparé à coups d'examens blancs passés dans des conditions identiques, avec anonymat des copies, placement dans les salles par ordre alphabétique et tout le tralala qui sied si bien à ce genre d'occasions festives.

Le Brevet pointe enfin le bout de son nez. Enfin, les profs de maths, de français et d'histoire-géo vont lâcher la bride aux élèves. Enfin, on ne les entendra plus se plaindre en salle des profs, façon « Pourvu que j'arrive à boucler mon programme ! ». Sans jamais se dire qu'en s'organisant différemment, ils ne seraient pas à la bourre le 20 juin...

Pour vous, prof enseignant une matière mineure – c'est-à-dire qui a été jugée indigne d'être admise dans le gotha des trois représentées à l'examen[1] – le Brevet,

1. Trois épreuves figurent au menu du Brevet des collèges : français, mathématiques et le bloc histoire-géographie & éducation civique. Les autres matières sont comptabilisées

c'est un peu le début des vacances. Vous avez rempli les bulletins trimestriels pour toutes vos classes, vous n'avez plus de copies à corriger depuis belle lurette (les derniers conseils de classe ont eu lieu autour du 15 juin), et vos élèves ont rendu leurs livres depuis plus d'une semaine. Quant au taux d'absentéisme, il a été multiplié par dix depuis l'arrêt des notes. Encore que si les troisièmes sont nombreux à être absents, c'est pour la bonne cause : ils révisent. Si, si, ils vous l'ont juré, avec ce charmant sourire en coin qui vous prouvait à quel point ils vous avaient trouvé sympathique toute l'année...

Cela fait donc presque deux semaines que vous n'avez plus croisé leur regard innocent. Au mieux, vous les avez aperçus se promenant en ville par petits groupes joyeux et insouciants – mais il s'agissait sans doute pour eux d'évacuer le stress inhérent aux épreuves difficiles qu'ils allaient devoir affronter à la fin du mois...

Donc, c'est le Brevet. Le moment de vérité. Toutes les précautions ont été prises pour que la session se déroule parfaitement.

Les profs qui ont été convoqués pour surveiller les épreuves sont au nombre de deux par salle, pour moins de vingt élèves. Leur tâche consiste à scruter les candidats dans le blanc des yeux – lorsque ceux-ci ne sont pas en train d'écrire, en tout cas – sans se laisser distraire. Il n'est pas question de lire – le Brevet constitue pourtant le moment idéal pour entamer son roman de l'été, celui qu'on emportera ensuite à la plage –, d'écrire (sa liste de courses, à sa fiancée ou... un futur best-seller) ou de

---

dans le contrôle continu, qui représente 40 % de la note finale.

regarder bêtement par la fenêtre pour admirer le paysage (les champs à perte de vue, ou la ZUP et l'absence d'horizon). Pas question non plus de guetter dans le couloir l'arrivée souhaitée du collègue censé vous relayer le temps que vous alliez prendre un café. Non. Il faut observer les élèves, circuler entre les rangs. Comme dans une infernale partie de *Pacman*, il faut le faire en évitant de se retrouver nez à nez avec votre collègue. Le parcours de l'un doit être en harmonie avec celui de l'autre, afin que la surveillance soit optimale.

Bien sûr, vous vous dites que, pendant toute l'année, vous vous débrouillez tout seul face à trente gamins et que vous ne passez pas votre temps à circuler entre les tables pendant qu'ils planchent sur un devoir. Oui, mais là, c'est le Brevet !...

Donc, vous vous retrouvez à deux dans une petite salle. La plupart du temps, le collègue qui vous seconde – c'est vrai, c'est *votre* collège qui est centre d'examen, c'est donc vous le chef ! – provient d'un autre établissement. Vous ignorez donc tout de lui – ou d'elle. Quelle attitude adopter ?

Sachez déjà qu'il existe deux sortes de profs surveillants. D'abord, les consciencieux qui, de surcroît, enseignent la matière qui fait justement transpirer les élèves ce matin. Ceux-là ne respectent pas la règle du blanc des yeux, mais ils ont de bonnes raisons : comme ils seront de correction le lendemain ou le surlendemain, ils lisent le sujet, le relisent, le décortiquent, imaginent par avance le barème qui sera appliqué avec leurs collègues correcteurs, les points susceptibles de poser problème. En tant que correcteurs, ils ont des responsabilités. Alors que vous... Vous pouvez donc surveiller pour deux. Et puis, c'est votre collège, après tout !...

Au moins, le modèle évoqué ci-dessus présente l'avantage de vous laisser tranquille. Si vous avez moins de chance, vous pouvez tomber sur un modèle d'un autre genre : le bavard – ou son équivalent féminin, statistiquement plus courant.

Le bavard représente ce qu'il y a de pire pour le prof surveillant – sauf s'il est bavard lui-même, évidemment, auquel cas les élèves sont les plus à plaindre. Les choses se passent généralement ainsi :

Le bavard étant un grand malade, il ne peut s'empêcher de venir raconter sa vie à quinze centimètres de votre nez. Il procède à coups de murmures rendus fétides par la consommation excessive de tabac, de café ou de vin, qu'il vous souffle au visage, persuadé que ses anecdotes oiseuses vous passionnent.

Vous voudriez lui chuchoter de se taire, lui dire que son bavardage risque de déranger ces élèves qui essaient de bosser dans le silence à peine troublé par le bruit de la circulation au-dehors et, surtout, par les chuchotements sifflants de votre indélicat collègue. Par-dessus tout, vous voudriez lui dire qu'il pue de la bouche et qu'il devrait rabattre le couvercle sur sa fosse à effluves – et en profiter pour vous foutre la paix – mais vous n'osez pas.

Alors vous vous prêtez à cette joute où s'échangent des propos d'une banalité affligeante :

— Et tu viens de quel collège ?

— ...

— Ah. Ça va, là bas ? C'est comment ?...

— ...

— Ici, ça va, oui. En plus, le bahut vient d'être reconstruit, alors c'est pas mal. Et t'enseignes quoi ?

— ...

— Moi, c'est anglais...

La conversation se poursuit ainsi pendant que les élèves essaient de se concentrer. Personnellement, vous vous dites que vous avez fait un effort, vous ne vous êtes pas montré indifférent, le collègue ne pourra pas dire que vous l'avez snobé, mais là, franchement, vous n'avez plus grand-chose à ajouter. Et surtout, ce n'est ni le lieu ni le moment !

Mais ce n'est pas grave. Nullement déstabilisé par votre soudaine interruption, le bavard enchaîne... et garde la main.

Pétri de politesse, parangon de savoir-vivre, vous encaissez son monologue dix longues minutes durant, en jetant des regards ostensibles aux élèves alentour afin de lui rappeler sans un mot que vous êtes censés les surveiller. Vous encaissez en silence avant de rassembler votre courage et enfin de murmurer à votre tour : « Bon, on va laisser les élèves travailler, sinon ils vont finir par nous reprocher de faire du bruit. Et de la part de profs, ce serait un comble, non ?... »

Initiative que vous soulignez d'un sourire désolé, alors que vous n'en pouvez plus, l'air autour de vous est vicié, il faut ouvrir une fenêtre, créer d'urgence un courant d'air ! Le bavard bat certes en retraite, mais en vous décochant un regard qui signifie : « Encore un prof chiant qui ne vit que pour ses élèves ! Quel con !... »

Libéré, vous pouvez reprendre votre ronde. Les mains dans les poches ou croisées dans votre dos, vous arpentez la salle de classe à pas lents, en prenant soin de ne pas trop faire couiner vos chaussures neuves sur le revêtement de sol plastique. Un ennui profond vous guette. N'étant pas convaincu de la nécessité d'appliquer *stricto sensu* la règle du blanc des yeux, vous laissez votre regard vagabonder sur les murs décorés comme ceux de milliers de salles de classe dans l'Hexagone : affiches de cinéma grand format – plutôt *Cyrano* de Rappeneau que *Taxi 3* de qui déjà ? – travaux d'élèves – dessins, exposés, collages... –, affiches retraçant le dernier voyage en Angleterre ou en Espagne, ornées de dizaines de photos sur lesquelles les élèves sont radieux, projets d'arts plastiques qui recyclent, avec plus ou moins de talent, rouleaux de papier hygiénique, bouchons de plastique, boîtes à œufs, morceaux de tissu, etc. Rien que du très classique, quoi...

Au cours de vos surveillances de Brevet, vous rencontrerez aussi les obsédés du chrono. Sans même présenter l'excuse d'être prof d'E.P.S., ce sont ceux qui ne peuvent s'empêcher d'égrener le temps qui passe, quasiment dès le début de l'épreuve :

« Bien. Vous pouvez commencer. Vous avez deux heures à compter de... maintenant ! »

« Il vous reste une heure !... Trois quarts d'heure... Une demi-heure... Dix minutes... Cinq minutes... Quatre !... »

Comment se concentrer dans un tel vacarme ? Je vous le demande. Entendre les minutes défiler ainsi ne fait qu'augmenter le stress des élèves déjà en proie au doute, voire à la panique. En revanche, les mêmes interventions n'ont aucun effet sur ceux qui, de toute façon, s'en fichent. Parce qu'ils sont sûrs de ne pas décrocher leur

Brevet, ou qu'ils sont sûrs de l'avoir au contraire, ou parce qu'ils ont une montre posée devant eux sur la table et qu'ils pensent à la consulter de temps à autre. En tout cas, ils n'ont pas besoin qu'un prof qui s'ennuie à mourir se venge sur eux de cette manière, en leur rappelant que le temps passe plus lentement quand on bosse – ou qu'on est de surveillance le jour du Brevet.

Une fois que les élèves en ont fini avec les cogitations plus ou moins intenses qui les ont occupés pendant deux heures, vous devez encore « rapatrier » les copies au secrétariat mis sur pied pour l'occasion.

Véritable Q.G. de campagne, l'endroit déborde d'activité lorsque vous y parvenez. Par la faute d'un élève qui a mis un temps fou à regrouper ses affaires et à libérer les lieux, vous voilà en queue de peloton pour la seconde étape du marathon qui va vous occuper pendant deux jours.

Car après avoir surveillé l'épreuve, il faut préparer les copies à la correction. C'est là que démarre la course aux agrafeuses. Trente binômes, qui ont été chargés de la surveillance, doivent désormais agrafer les copies – après avoir collé les étiquettes d'anonymat en haut à gauche, de part et d'autre des pointillés qui séparent la « souche » de la copie proprement dite. Or il n'y a que dix agrafeuses pour trente binômes. Alors, on s'active, on court à droite, à gauche, en essayant de faire marcher le copinage : « Dis, Jean-Pierre, tu pourras me filer ton agrafeuse quand t'auras fini ?... » Des cris de dépit se font entendre : « Merde ! Y a plus d'agrafes ! ! Où sont les agrafes ?!! »

Il faut ensuite aller faire la queue au « point massicotage », où les copies seront séparées de la souche, afin que l'anonymat soit bien respecté. Généralement, le prof en charge du massicot est un gars expérimenté – dans son jeune temps, il a manié la ronéo, il a les biscoteaux qu'il faut –, un gars dont on sent qu'il a beau être prof dans la vie, dans le civil, c'est le genre à manier la hache, la bêche, la scie, tous ces objets proches de la terre et des vraies valeurs du terroir. Alors, il massicote, comme si sa vie en dépendait, avec un œil sur la file d'attente qui ne paraît pas diminuer. Une goutte de sueur perle à son front buriné. Pareil à une sculpture de Rodin, l'homme fait corps avec l'outil, et son buste, ses bras noueux se parent tout à coup d'une musculeuse beauté qui impose le silence aux pénitents qui devant lui font file. Malgré la rudesse de la tâche, jamais il ne ralentit sa cadence infernale.

Certains profs, insensibles à l'esthétique de son art, s'impatientent en dépit des efforts du bûcheron qui s'active à coups de « Han ! » sur chaque paquet qu'on lui tend. Ça fait « Schraaak » et le colosse passe au suivant, sans même un regard pour le prof chétif qui lui passe les copies, avec la main tremblante de ceux qui ne peuvent pas comprendre cette communion, cette osmose entre l'homme et l'outil.

Puis le flux se tarit peu à peu. La salle se fait moins bruyante, le calme revient. L'ensemble des copies a été remis dans l'ordre des matricules anonymes, les souches remisées dans un carton que le Principal a mis de côté. On peut aller manger.

Personne n'a réellement envie d'aller à la cantine, c'est trop déprimant. On a envie d'ailleurs, d'exotisme. De vacances.

Alors, on se regroupe dans les voitures et on file

au centre commercial d'à côté pour aller s'avaler une galette complète ou une entrecôte chez Flunch. Ou alors, lorsque le collège est situé à la campagne, on s'est organisé : on se retrouve tous chez David pour le barbec traditionnel : Michèle s'est occupée du pain, Annie de la bière – ah, ça ! Annie, la bière, ça la connaît !... Et d'autres du pâté, des merguez ou des chipos, des tomates et du taboulé.

David a sorti les raquettes et volants, et les équipes se forment pour des petits matches improvisés sur la pelouse. Thibaut a dégoté un ballon et jongle comme un minime sous les yeux admiratifs de la petite stagiaire qu'il trouve bien sympathique – mais qui quitte le bahut, va falloir qu'il fasse vite le petit bonhomme...

Bref, on se croirait au camping des Flots Bleus – la piscine en moins. Sauf que moins de deux heures plus tard, c'est terminé. Retour au collège pour la surveillance de l'après-midi. Quelques chanceux qui n'ont pas été convoqués proposent à David de ranger un peu le bazar... (« Ouais, super-sympa ! Si vous voulez, on finit les restes ce soir, hein !... »)

La petite troupe se rapatrie donc vers le collège, petit cortège aux vitres ouvertes par lesquelles on entend fuser les rires. La bière était bien bonne, merci Annie !

On descend des voitures, les lunettes de soleil retrouvent l'obscurité de leurs étuis. Il y en a bien qui sont encore secoués par quelques fous rires, mais :

« Chuuut ! Y a Mme Lehouck en salle des profs ! Allez !... Chuut, quoi... »

La fonction supplante à nouveau le naturel. On remet son costume de prof. Pour deux petites heures. Allez, c'est pas la mer à boire !...

Et puis ce soir, on retourne chez David, non ?...

29

Pénates

Vous serez parfois amené à vous rendre dans un autre établissement pour surveiller le Brevet. Votre réaction sera sans doute de faire la moue. Le prof n'aime pas changer ses habitudes. Pourtant, votre collège n'est pas terrible : les peintures murales tombent en flocons, l'architecture extérieure est à pleurer, genre cube de béton gris sale, et le lino se décolle ou se craquelle un peu partout, histoire de faire trébucher deux, trois profs de temps en temps et d'offrir un peu de distraction à leurs pauvres élèves.

Oui, mais voilà : c'est *votre* bahut ! Vous en connaissez chaque recoin et y évoluez comme un poisson dans l'eau.

« Dès qu'il y a un rayon de soleil, la salle 113 est insupportable. En plus, avec les stores qui ne se baissent plus et les rideaux qui sont lacérés, je ne te dis pas... »

« Tu dois aller en 204 ? Fais gaffe ! Pour ouvrir la porte, c'est un peu spécial : il faut bien enfoncer le passe, soulever légèrement la poignée et, à ce moment-là seulement, tourner la clé d'un coup sec. D'un coup sec, hein ! Sinon, ça mouline et les élèves ricanent... »

Vous y avez vos habitudes, vos addictions.

« Si je peux te donner un conseil, le café long sucré à la machine, tu évites. C'est la touche quatre. C'est pas du café, c'est du jus de chaussette... »

« Ah, non ! Les élèves ne doivent pas venir frapper à la porte de la salle des profs aux récréations ! Nous aussi, on a le droit de se détendre, merde ! Il faudrait peut-être que certains se dispensent de dire à leurs élèves d'apporter des travaux ici, quand même ! Ou alors, qu'ils se bougent le cul et aillent eux-mêmes ouvrir la porte quand on frappe !... »

« Si t'es au régime, évite la cantine le jeudi. En général, c'est steak haché-frites, et pâtisserie en dessert. Remarque, le lundi, c'est à chaque fois des pâtes. Et y te mettent la sauce d'emblée, je te dis pas !... »

Eh oui ! C'est un peu comme à la maison. Ça rit, ça râle, ça pleure parfois – lorsque tombent pour les stagiaires les résultats de leurs mutations. Ça vit, quoi !

Ailleurs l'herbe est plus verte, dit-on souvent, mais l'adage n'est pas tout à fait vrai dans le milieu enseignant.

Lorsqu'il se trouve confronté à un autre chef d'établissement, le prof a tendance à se dire souvent qu'il n'aimerait pas se le coltiner, et ce, au premier coup d'œil. Trop froid, trop mou, trop chaleureux (« Ça doit être un sacré faux-cul !... »). En présence d'un autre Principal, le prof est pris d'un réflexe qui le pousse à se recroqueviller et à vouloir rentrer à la maison, enfin, dans *son* collège – même si celui-ci se trouve en Z.E.P. [1]. Il a beau savoir

1. Afin de susciter des vocations, l'Institution accorde quelques points de bonus aux profs désireux d'y tester leur résistance aux insultes et aux coups. L'accent est mis sur

que c'est précisément son Principal qui lui a filé les 4e 7, ou l'Adjoint qui lui a concocté cet emploi du temps gruyère qui l'a poussé au bord de la dépression, rien n'y fait.

Le prof s'arrange toujours avec son environnement, pour se convaincre qu'il ne pourrait trouver mieux ailleurs. Qu'on lui parle d'un établissement bien mieux coté que le sien et il rétorquera :

« Oui, peut-être. Mais il n'y a que des vieux profs là-bas. Et puis, les parents d'élèves, c'est médecin, avocat et compagnie... Et il paraît qu'ils sont bien chiants. Au moins, nous, les parents de Bouchetrolles et des autres, ils viennent pas nous emmerder avec des demandes de rendez-vous pour le samedi matin, quand justement tu bosses pas... »

Bien sûr qu'on se voile la face ! Mais c'est peut-être le meilleur moyen de s'en sortir. De survivre. Et pourquoi pas en s'investissant autant qu'on le peut, pour améliorer ce cadre de vie dans lequel on est amené à évoluer pour un certain nombre d'années encore ?

---

l'aspect profondément enrichissant de la vie dans ces établissements particuliers. Les rapports humains y sont beaucoup plus authentiques. Paradoxalement, peu d'enseignants désirent s'y aventurer. Les profs sont d'une bêtise !...

30

Clichés

Il vaut mieux s'y faire : tout prof doit subir, sa vie entière, le feu nourri des remarques de personnes de son entourage – ou de parfaits étrangers – qui ne sont pas dans l'enseignement mais ne se privent pas d'avoir leur idée sur la question. Voici donc un petit inventaire – non exhaustif, les envieux ont de la ressource – de ce qu'on peut entendre.

« Les profs sont toujours en vacances. »

Numéro un au Top Cinquante des clichés : les vacances des profs. Dans quelque milieu professionnel qu'évoluent vos interlocuteurs, vous aurez droit à cette remarque. N'essayez pas de nier, les faits sont là : les vacances scolaires représentent effectivement une partie importante du calendrier annuel.

Ce qu'il vous faut faire, c'est déplacer le problème, retirer délicatement les œillères qui obstruent le regard éteint de vos accusateurs. Rappelez à ces malotrus qui ne connaissent rien à votre situation qu'il s'agit bel et bien de vacances scolaires, mais de vacances pour les élèves, surtout. Avant tout.

En ce qui vous concerne, vous n'avez pas choisi. C'est l'Institution qui estime indispensable d'accorder une période de repos à tous les enfants scolarisés, afin qu'ils soufflent un peu, qu'ils rechargent pour ainsi dire les accus, pour mieux repartir à la rentrée de ces périodes de répit – et de repos.

De votre point de vue, les choses sont radicalement différentes. Non seulement vous ne partez pas systématiquement vers le sud de la France ou les Caraïbes dès qu'arrivent les vacances scolaires – vous n'en avez pas les moyens financiers, vous êtes prof – , mais en outre, vous vous retrouvez souvent avec une dose de travail qui ferait rougir de honte n'importe quel cadre moyen travaillant dans le secteur privé.

Le terme à utiliser pour définir cette période de latence vous concernant est plutôt celui de « chômage technique » : vous ne disposez pas de vos élèves, vous ne pouvez donc pas faire cours. C.Q.E.D.

« Ouais, vous les profs, vous travaillez à mi-temps, alors que vous touchez un salaire complet à la fin du mois !... »

Aaah !... Les dix-huit heures hebdomadaires font également beaucoup d'envieux. Rappelez donc aux ignorants qu'il s'agit de dix-huit heures en présence des élèves [1] – trente à la fois, pas deux ou trois comme à la maison. Qu'il est fréquent que votre emploi du temps comporte de nombreuses heures « de trou », pendant

1. D'ailleurs, les profs d'arts plastiques, d'éducation musicale ou d'E.P.S. effectuent vingt heures et non dix-huit. Pour les profs d'E.P.S., certaines de ces heures sont effectuées le mercredi, pour raison d'U.N.S.S.

lesquelles vous êtes au collège et pendant lesquelles vous avez rarement l'occasion de vous tourner les pouces – la faute aux notes à rentrer dans l'ordinateur, aux cahiers de textes de classe à remplir, aux photocopies à faire ou aux bulletins trimestriels sur lesquels il vous faut porter, pour chaque élève, une appréciation juste, encourageante et personnalisée.

Enfin, contrairement à ceux qui critiquent votre horaire hebdomadaire, une fois rentré chez vous, votre journée de travail n'est pas nécessairement terminée. La préparation des cours, la conception des devoirs et interrogations et la correction des copies accapareront encore une bonne partie de votre temps.

L'avantage indéniable que vous possédez néanmoins sur tous ces râleurs est que vous avez la possibilité de gérer une partie de votre temps comme bon vous semble. C'est l'un des rares privilèges du métier. En revanche, on ne peut pas, à n'importe quel moment de la journée, passer des heures à discuter devant la machine à café ou sur Internet, à échanger des mails avec ses amis...

« C'est facile d'être prof de collège. En lycée, c'est une autre paire de manches... »

Le plus dur est souvent d'être trahi par les siens. C'est ce qui arrive assez fréquemment avec les profs de lycée. Parce qu'ils ont affaire à des élèves plus âgés, ils estiment que le travail qu'ils effectuent est plus noble et, surtout, requiert de leur part un investissement beaucoup plus important. Selon eux, les cours sont plus difficiles à préparer et, surtout, les copies beaucoup plus longues à corriger.

Si vous avez eu la paresse d'opter pour un poste en collège, voici ce que vous entendrez plus souvent qu'à votre tour :

« Ah oui, mais toi, c'est facile ! Une petite interro de vocabulaire ou de verbes irréguliers et hop ! ça fait une note !... Tandis qu'en lycée, tu as des disserts à corriger et je t'assure que c'est pas la même chose !... »

Ces collègues mal intentionnés évitent simplement de préciser que le nombre de copies corrigées par trimestre est probablement très inférieur en lycée – deux à trois notes au lieu d'une dizaine par classe en collège.

D'autre part, il est un peu primaire de croire que toutes les évaluations effectuées en collège se limitent à des listes de mots ou des Q.C.M.

Enfin, l'énergie déployée pour « animer » un cours de collège est très certainement extraordinairement supérieure à celle manifestée pour un cours de lycée. La tendance qui se dessine depuis plus de dix ans à travers les instructions transmises par les inspecteurs est limpide : l'apprentissage doit être ludique. En clair, l'élève doit apprendre sans en avoir l'air ou l'impression. La notion d'effort est à éviter, les choses doivent « couler », se faire naturellement. Ben voyons !

Il n'empêche que le prof de collège doit souvent faire le clown devant ses classes pour faire passer son message et ce, à huit heures du matin en plein hiver ou à deux ans de la retraite. Demandez donc aux profs de langue ce qu'il en est !

Et puis pour conclure – et clouer le bec à vos collègues jaloux – proposez-leur de demander leur mutation pour un poste en collège, puisqu'on s'y repose tant.

Mais ils vous répondront sans doute que « c'est moins intéressant... ».

Il faut savoir ce qu'on veut...

Pourtant, d'une manière générale, l'ennemi viendra de l'extérieur. Parents, « amis » ou voisinage. La plupart manifesteront rarement le courage de vous dire en face ce qu'ils pensent de votre corps – de métier, s'entend. Mais s'ils le font, votre réponse doit être toute prête :

« Puisque le métier de prof comporte tant d'avantages, je vous suggère de faire les études nécessaires et de passer le concours. C'est facile, vous voyez !... Bref, donnez-vous les moyens de mener la belle vie ! Et bienvenue au club ! »

REMERCIEMENTS

Merci à tous mes collègues – passés, présents et à venir – chacun a été, est ou sera une source d'inspiration.

Merci à l'association Filigrane qui œuvre pour l'élévation de ses « écrivants ».

Spéciale dédicace à ceux qui ont participé au festival des Féron-folies 2005.

Merci à mes parents. Quelque part, ce livre est le leur.

Merci à Alexandre Wickham, l'homme providentiel.

Une pensée très affectueuse pour Jean F.

Table

Composition Nord Compo
Impression : Imprimerie Floch, août 2006
Éditions Albin Michel
22, rue Huyghens, 75014 Paris
www.albin-michel.fr

ISBN : 2-226-17267-X
N° d'édition : 24461 – N° d'impression : 66149
Dépôt légal : août 2006
Imprimé en France